Trennkost
The American Way

Ursula Summ

Nicht Hamburger und Hot dogs erwarten Sie hier, sondern Rezepte aus einer der kreativsten Küchen Nordamerikas. Die Rede ist von Kalifornien, einem Land mit einer bunten, kulturellen Vielfalt, viel Sonnenschein und Lebensfreude. Testen Sie „Trennkost – The American Way" und genießen Sie Gerichte mit viel frischem Gemüse, köstlichem Fleisch oder Fisch.

Inhalt

Alle Rezepte auf einen Blick

Rezept	Seite	kcal je Portion/Stück	Eiweiß	neutral	Kohlenhydrate	einfach	vegetarisch	schnell	vitaminreich	fürs Büro
Sandwich mit Räucherlachs	12	350			✔	✔		✔		✔
Avocado-Taco mit Tomatensalsa	12	360			✔	✔	✔		✔	
Artischocken mit Knoblauchdip	14	150		✔		✔	✔			
Caesar Salad	15	515			✔	✔	✔	✔		
Salat mit Roquefortdressing	16	330		✔		✔	✔	✔	✔	✔
Spinat-Schafskäse-Salat	17	380		✔		✔	✔	✔	✔	
Apfel-Schinken-Salat	18	450	✔			✔		✔	✔	✔
Westerneier	18	380	✔			✔		✔		
Gemüseplatte mit Spinatdip	20	455	✔			✔	✔	✔	✔	
Chefsalat	21	535	✔			✔		✔	✔	✔
Pikante Eier	22	280	✔			✔		✔		
Rührei mit grünem Spargel	23	380	✔			✔	✔	✔		
Röstknoblauch mit Ziegenkäse	24	285			✔	✔	✔			
Gebackener Ziegenkäse	24	380			✔	✔	✔			
Artischocken mit Basilikum	26	380		✔		✔			✔	
Lollo Rosso mit Orangensauce	27	480	✔				✔	✔	✔	
Kartoffelsuppe	28	350			✔	✔	✔	✔		
Knoblauch-Champignon-Suppe	29	190			✔	✔	✔	✔		
Tomaten-Zwiebel-Suppe	30	210	✔			✔	✔	✔	✔	
Maissuppe mit Okraschoten	31	210	✔			✔				
American Pizza mit Pilzen	32	790			✔		✔			
Pasta mit Gemüse und Lachs	34	380			✔	✔		✔	✔	
Spinatpizza mit Schafskäse	35	810			✔		✔			
Gemüse-Spaghetti mit Feta	36	590			✔	✔	✔	✔		

Rezept	Seite	kcal je Portion/Stück	Eiweiß	neutral	Kohlenhydrate	einfach	vegetarisch	schnell	vitaminreich	fürs Büro
Bandnudeln mit Steinpilzen	36	790			✔	✔	✔			✔
Grillgemüse	38	320		✔		✔	✔		✔	
Bunte Gemüsepfanne	39	240		✔		✔	✔	✔	✔	✔
Gegrillter Lammrücken	40	510	✔							
Verrückte Spieße	41	460	✔			✔			✔	✔
Huhn in Kürbiskernsauce	42	510	✔					✔		
Grüner Chilieintopf	43	350	✔			✔				✔
Kalifornischer Fischeintopf	44	340	✔						✔	
Red Snapper à la Vera Cruz	46	450	✔			✔				
Schwertfisch mit Papaya-Salsa	47	420	✔			✔				
Reis-Pilaw mit Sojasprossen	48	320			✔	✔	✔		✔	✔
Geröstete Rosmarinkartoffeln	48	230			✔	✔	✔			
Amerikanisches Sommersquash	50	270	✔			✔	✔	✔	✔	✔
Spinat mit Pinienkernen	51	160		✔		✔	✔	✔	✔	
Tortillas „San Francisco“	52	180			✔	✔	✔			
Apfel-Birnen-Salsa	53	130	✔			✔	✔	✔	✔	
Rancho-Barbecue-Sauce	54	95	✔			✔	✔		✔	
Kräuterdip mit Walnüssen	54	170	✔			✔	✔	✔		
Haferflocken-Rosinen-Häufchen	56	60			✔	✔	✔			✔
Herbsternte	56	300	✔				✔	✔	✔	
Orangen-Sahne-Eis	58	400	✔			✔	✔		✔	
Aprikosen-Erdbeer-Gefrorenes	59	120	✔			✔	✔		✔	
Melonen-Blaubeer-Dessert	60	150	✔			✔	✔	✔	✔	
Frisches Obst mit Weinschaum	60	360	✔				✔		✔	

Trennkost amerikanisch genießen

Die Trennkost gehört zu den beliebtesten Ernährungskonzepten unserer Zeit. Kein Wunder, Gesundheit und Wohlbefinden lassen sich auf einfache Weise steigern und trotzdem darf auch mal nach Lust und Laune geschlemmt werden. Das schadet selbst der schlanken Linie nicht. Im Gegenteil: Viele haben mit Trennkost ihr Wunschgewicht erreicht.
Was liegt da näher, als seinen Speiseplan um leckere Gerichte aus anderen Ländern zu erweitern? Zum Beispiel Amerika. Immer mehr Menschen verbringen ihren Urlaub in den USA. Und wenn nicht, dann kennen sie Hamburger oder Hot Dogs, die aus der deutschen Esskultur nicht mehr wegzudenken sind. Doch die amerikanische Küche bietet mehr als schnelles Fast Food. Eine besonders leichte, vielseitige und frische Küche findet sich im Südwesten der USA, vor allem in Kalifornien. Diese Küche ist bestens geeignet, mit der Trennkost eine wunderbare und sehr genussvolle Verbindung einzugehen.

Kalifornien – Gemüse und Obst in Hülle und Fülle

Wer denkt bei Kalifornien nicht an immerwährenden Sonnenschein, breite Sandstrände, Hollywood oder Flowerpower? Weniger bekannt sind wohl die Schätze, die die Natur zu bieten hat: Schroffe Gebirgslandschaften, dichte Wälder und heiße Wüsten sind ebenso zu finden wie fruchtbare Täler. Das Klima ist fast das ganze Jahr über angenehm warm und sonnig. Kein Wunder, dass sich Zuwanderer hier gerne niederließen und auf den fruchtbaren Böden Feldfrüchte aller Art anbauten. Heute gehört Kalifornien zu den ertragreichsten Anbaugebieten der USA. Hier wachsen Gemüse und Obst jeder Art, Kräuter, Oliven, Mandeln und Walnüsse. Nordöstlich von San Francisco wird Wein angebaut.
Ebenso vielfältig ist das kulturelle Leben, das die Einwanderer, die aus aller Herren Länder nach Kalifornien kamen, wesentlich geprägt haben. Zu den Einwanderern gehörten damals vor allem Europäer, Mexikaner und Asiaten. Sie alle brachten ihre Kochtraditionen mit, aber auch die Freude am Entdecken und Experimentieren. Alles das hat die kalifornische Küche zu dem gemacht, was sie heute ist.

Das Beste frisch auf den Tisch

Ein typisches Merkmal der kalifornischen Küche ist die Verwendung von frischen, hochwertigen Lebensmitteln. Angesichts der vielen, frisch geernteten Agrarprodukte direkt vor der Haustür fällt die Umsetzung nicht schwer. Für Vielfalt und Frische auf dem Teller sorgt auch der Pazifik mit seinem Reichtum an Fischen, Muscheln und Meerestieren aller Art. Darüber hinaus haben die unterschiedlichen Kulturen die kalifornische Küche wesentlich beeinflusst. Vor allem mediterran, mexikanisch und asiatisch geprägte Gerichte eroberten sich einen festen Platz auf den Speisekarten.
Eine Auswahl der beliebtesten Rezepturen, die sich gut mit der Trennkost vereinbaren lassen, stellen wir Ihnen hier vor. Auf den nächsten Seiten finden Sie zunächst einen Überblick über die wichtigsten Prinzipien der Trennkostlehre.

Gesund und fit mit Trennkost

Das **Trennungsprinzip** ist ein wesentliches Merkmal der Trennkost und bedeutet, dass überwiegend eiweißhaltige Nahrungsmittel (Fleisch, Fisch oder Eier) und überwiegend kohlenhydrathaltige Nahrungsmittel (Kartoffeln, Reis oder Brot) getrennt verzehrt werden. In der Praxis ist das Trennen ganz einfach: Essen Sie mittags zum Beispiel eiweißreiche Lebensmittel wie Fleisch oder Fisch und bereiten Sie sich abends eine Kohlenhydratmahlzeit aus Kartoffeln oder Reis zu. Wenn Sie wollen, können Sie die Reihenfolge auch tauschen. Wichtig ist nur, eiweißreiche Lebensmittel nicht mit kohlenhydratreichen innerhalb einer Mahlzeit zu kombinieren.
Eine ideale Ergänzung für beide Mahlzeiten sind Gemüse und Salate. Diese Lebensmittel gehören zu der so genannten „neutralen Gruppe“, die sich sowohl mit Eiweißen als auch mit Kohlenhydraten verträgt. Eine neutrale Mahlzeit können Sie natürlich auch für sich allein essen, zum Beispiel als kleines Gericht zwischendurch oder am Abend, wenn Sie einfach nur einen großen Salatteller essen möchten.

Der Trennungsplan auf den Seiten 8 und 9 zeigt Ihnen genau, welche Lebensmittel in welche Gruppe gehören.
Sinn und Zweck der Trennung ist es, die Verdauungsorgane bei ihrer täglichen Arbeit zu entlasten und den Verlust unnötiger Energien zu vermeiden. Deshalb fühlt man sich selbst nach einer reichhaltigen Mahlzeit frisch und fit. Das ist bei einer gemischten Kost oft anders. Viele werden hier kurz nach dem Essen von einer bleiernen Müdigkeit befallen oder leiden an Sodbrennen, Völlegefühl oder Blähungen.
Ungünstig zusammengestellte Nahrungsmittel können aber auch die Entstehung von Krankheiten wie Gicht, Diabetes mellitus, Arthrose oder Durchblutungsstörungen begünstigen.

Die Erreichung und das Einhalten eines **Säuren-Basen-Gleichgewichts** im Körper ist ein weiteres wesentliches Ziel der Trennkost. Um diesen sehr komplexen Zusammenhang besser zu verstehen, stellen Sie sich den eigenen Körper einmal als eine kleine biochemische Fabrik vor: Alle Speisen und Getränke, die wir zu uns nehmen, werden mit Hilfe der Verdauungssäfte in kleinste Bausteine zerlegt und in die Blutbahn aufgenommen. Unser Stoffwechsel gewinnt daraus Energie und Aufbaumaterial. Trotz scheinbar reibungslos ablaufender Prozesse bleiben im Körper saure Abfallstoffe zurück. Hinzu kommen saure Rückstände aus chemischen Zusatzstoffen in Nahrungsmitteln, aus Kaffee, schwarzem Tee, Alkohol und Nikotin sowie solche, die durch Stress, Ärger und Streit gebildet werden.
Zum Glück verfügt unser Organismus über ein gut funktionierendes Puffersystem, das diese sauren Substanzen zum großen Teil neutralisiert und über Nieren, Darm, Haut und Lungen wieder ausscheidet. Doch eine unaufhörliche Überflutung mit sauren Abfallstoffen kann auch der gesündeste Organismus auf Dauer nicht

verkraften: Der Körper übersäuert. Ein erstes Anzeichen kann eine andauernde, bleierne Müdigkeit sein. Da der Prozess der Übersäuerung recht schleichend vor sich geht, wird er nur wenig beachtet. In der Tat lässt sich unser Körper auch lange Zeit nichts anmerken, doch mit zunehmendem Alter können daraus die bekannten Zivilisationskrankheiten entstehen.
Als Ausgleich zu den gebildeten Säuren hat die Natur einen Gegenspieler, die so genannten Basen, geschaffen. Sie haben eine neutralisierende Wirkung und verhindern so eine Übersäuerung. Zu den Basenbildnern zählen Gemüse, Salate, Obst, Keimlinge, Nüsse, Samen und Kartoffeln. Säurebildner sind dagegen Fleisch, Fisch, Eier und Käse, aber auch Zucker, polierter Reis und Weißmehlprodukte. Um ein Säure-Basen-Gleichgewicht im Körper aufrechtzuerhalten, empfiehlt Dr. Hay, der Begründer der Trennkostlehre, die Mahlzeiten zu 20 % aus säurebildenden und zu 80 % aus basenbildenden Lebensmitteln zusammenzustellen. Ein Gericht mit wenig Fleisch und einer großen Portion Gemüse würde dieser Empfehlung entsprechen.

Die Berücksichtigung der **Vollwertkost** gehört ebenfalls zu den Prinzipien der Trennkost. Bevorzugen Sie deshalb naturbelassene Nahrungsmittel. Diese sind so wenig wie möglich bearbeitet. Vorteil: Der natürliche Gehalt an Vitalstoffen bleibt weitgehend erhalten. Zu den Vitalstoffen gehören Vitamine, Mineral- und Ballaststoffe. Diese braucht unser Körper, um gesund und leistungsfähig zu bleiben.
Wer einen empfindlichen Magen oder Darm hat, sollte seine Ernährung langsam umstellen und zunächst ausprobieren, welche Gemüsesorten er auch roh essen kann oder welches Vollkornbrot er verträgt. Besonders wichtig ist auch das gründliche Kauen und eine ausreichende Flüssigkeitszufuhr von täglich 1½ bis 2 Litern. Empfehlenswerte Getränke sind Kräuter- und andere Tees, Mineralwasser oder verdünnte Obstsäfte.

Darüber hinaus lässt sich die Trennkost einfach und schnell zubereiten und auch mit der Familie gut vereinbaren: Wer nicht trennen möchte, ergänzt seine Mahlzeiten ganz einfach durch entsprechende Beilagen. Beispiele für einen Tag mit Trennkost zeigt die folgende Übersicht.

Ein Tag mit Trennkost

Frühstück
z. B. Vollkornbrot mit Quark und Radieschen

Zwischendurch
z. B. Hüttenkäse mit kleingeschnittenem Apfel

Mittagessen
Eiweiß: z. B. Grüner Chilieintopf (S. 43),
dazu: Tomatensalat (neutral)
oder
Kohlenhydrate: z. B. Bandnudeln mit Steinpilzen (S. 36), dazu: Grüner Salat (neutral)

Nachmittags
z. B. Haferflocken-Rosinen-Häufchen (S. 56)

Abendessen
Kohlenhydrate: z. B. Kartoffelsuppe (S. 28)
oder
Eiweiß: z. B. Apfel-Schinken-Salat (S. 18)

So wird die amerikanische Küche trennkostgerecht

Bei der Zusammenstellung der Rezepte haben wir bereits darauf geachtet, dass Sie die Gerichte ohne Probleme in Ihren Trennkost-Speiseplan einbauen können. Im Rezeptteil werden Sie in erster Linie Köstlichkeiten finden, die typisch für den Südwesten der USA sind. Hinzu kommen klassische Gerichte, die in ganz Amerika verbreitet sind wie Eierspeisen, Sandwiches, typische Salate und Grillgerichte mit Saucen für das Barbecue.
Alle Speisen lassen sich gut mit der Trennkost vereinbaren, so dass Sie eigentlich auf nichts verzichten müssen. Weniger empfehlenswerte Zutaten haben wir in den meisten Rezepten bereits ausgetauscht: amerikanische „Klassiker" wie weißes Toastbrot zum Beispiel durch Vollkorntoast. Auch Nudeln, Reis oder Mehl wurden in vielen Fällen durch vollwertige Produkte ersetzt. Ebenso ausgetauscht haben wir Schweinefleisch: Geflügel-, Rind- oder Lammfleisch sind zudem fettärmer und im Rahmen einer bewussten und figurfreundlichen Ernährung besonders zu empfehlen. Angepasst wurden auch die Süßungsmittel: Frutilose – das ist ein besonders milder Obstdicksaft – oder Ahornsirup süßen genauso gut wie weißer Zucker. Letztendlich bleibt es natürlich Ihnen überlassen, ob Sie grundsätzlich vollwertige Produkte verwenden oder ob Sie ein Pastagericht zum Beispiel doch lieber mit weißen Nudeln kochen. Lassen Sie sich jetzt von den Rezeptideen inspirieren und genießen Sie ungewöhnliche und klassische Gerichte aus dem Land der unbegrenzten Möglichkeiten.

Kleines Küchenlexikon aus Kalifornien

Angel Hair Pasta
Superdünne Spaghetti, die oft mit Fisch oder Meeresfrüchten kombiniert werden. Bester Ersatz: Spaghettini.

Brick-Käse
Halbfester, ziegelförmiger Schnittkäse, der in den USA meist in Scheiben verpackt angeboten wird. Er schmeckt mild und leicht süßlich.

Crookneck
Gelbe Squash-Sorte, die im Sommer reift. Sieht aus wie eine Zucchini mit dünnem, gebogenem Hals.

Jalapenos-Chilischoten
Kleine, grüne oder rote Chilischoten (etwa Daumengröße), die wunderbar herzhaft schmecken. Ersatzweise Chilischoten verwenden.

Squash (engl.: Kürbis)
In Amerika als Sommer- und Winter-Squash bekannt. Sommer-Squash (Crookneck oder Zucchini) kann mit Schale und Kernen gegessen werden, Winter-Squash (z. B. Kürbis) muss dagegen geschält und entkernt werden.

Tomatillo
Grüne, tomatenähnliche Früchte, die zitrusartig schmecken. Reifen in einer papierartigen Hülse, die vor der Zubereitung entfernt wird.

Trennungsplan

Innerhalb einer Mahlzeit dürfen zur Eiweiß- und zur Kohlenhydratgruppe gehörende Lebensmittel nicht gemischt werden.

Sie können aber eiweiß- und kohlenhydratreiche Nahrungsmittel mit Lebensmitteln aus der neutralen Gruppe kombinieren.

Eiweißgruppe

alle Fleischsorten im gegarten Zustand von Rind, Kalb, Lamm und Hammel; Schweinefleisch ist nicht empfehlenswert;

alle gegarten Geflügelsorten;

gegarte Wurstsorten, z. B. gebratene Bratwurst, Fleischwurst, Leberkäse, Rindswurst, Knacker, Corned Beef, gekochter Schinken, Geflügelwurst;

ungeräucherte, gegarte Fischsorten sowie Schalen- und Krustentiere im gegarten Zustand;

Sojaprodukte, z. B. Tofu, Sojasauce sowie mit Soja hergestellte Brotaufstriche;

Eier;

Milch aller Fettstufen;

Käse mit höchstens 50 % Fett i. Tr.;

gekochte Tomaten;

Getränke, z. B. Früchtetee, Apfelwein, herber Weiß- und Rotwein sowie Sekt;

Beerenfrüchte (außer Heidelbeeren);

Kernobst (außer mürben, süßen Äpfeln);

Steinobst;

Zitrusfrüchte, z. B. Orangen, Zitronen und Grapefruits;

exotisches Obst (außer Bananen). (Dr. Hay ordnet säurereiche Obstsorten zwar der Eiweißgruppe zu, jedoch hat es sich in meinen Gruppen bewährt, nur geringe Mengen davon mit anderen Lebensmitteln aus der Eiweißgruppe zu mischen. Oder essen Sie diese Obstsorten nur zusammen mit Milch oder angesäuerten Milchprodukten.)

Neutrale Gruppe

Fette, z. B. Öle (kaltgepresste bevorzugen), ungehärtete Margarinesorten mit einem hohen Anteil an mehrfach ungesättigten Fettsäuren (aus dem Reformhandel) und Butter;

gesäuerte Milchprodukte, z. B. Joghurt, aber auch vergorenes Molkekonzentrat;

süße Sahne und **Kaffeesahne;**

Käse mit mindestens 60 % Fett i. Tr.;

Weißkäse, z. B. Schafs- und Ziegenkäse, Mozzarella, körniger Frischkäse;

rohe, geräucherte Wurstwaren, z. B. Bündner Fleisch, roher Schinken, Salami, Debrecziner, Landjäger;

rohes Fleisch, z. B. Tatar (sollte aber möglichst gemieden werden);

rohe marinierte oder geräucherte Fischsorten, z. B. Schillerlocke, Makrele, Bismarckhering, Matjes;

folgende Gemüse- und Salatsorten sowie Pilze: Auberginen, Artischocken, Brokkoli, Blumenkohl, grüne Bohnen, grüne Erbsen, Fenchel, Gurken, Knoblauch, Kohlrabi, Lauch, frischer Mais, Möhren, Paprika, Peperoni, Radieschen, Rettich, Rote Beten, Rosenkohl, Rotkohl, Sauerkraut, Sellerie, Spargel, Spinat, rohe Tomaten, Weißkohl, Wirsing, Zwiebeln, Zucchini, alle Blattsalate (auch z. B. Eisberg-, Endivien- und Feldsalat), Chicorée und Chinakohl sowie Austernpilze, Champignons, Pfifferlinge & Co.;

Sprossen und Keimlinge;

Kräuter und Gewürze;

Nüsse und Samen (außer Erdnüssen), z. B. Haselnüsse, Kokosraspel, Mandeln, Sesam, Sonnenblumenkerne;

Heidelbeeren;

ungeschwefelte Rosinen;

Oliven;

Eigelb;

Hefe;

klare, hochprozentige Spirituosen;

Kräutertees;

Geliermittel, z. B. Gelatine, Agar-Agar, pflanzliche Bindemittel (z. B. aus Johannisbrotkernmehl).

Kohlenhydratgruppe

Getreidesorten, z. B. Dinkel, getrockneter Mais, Naturreis;

Buchweizen;

Vollkorngetreideerzeugnisse, z. B. Vollkornbrot, Vollkornnudeln;

folgende **Gemüse- und Obstsorten:** Kartoffeln, Topinambur, Grünkohl, Schwarzwurzeln, Bananen, ungeschwefeltes Trockenobst (außer Rosinen – sie sind neutral; Korinthen hingegen zählen zu den Kohlenhydraten), frische Datteln und Feigen und mürbe, süße Äpfel;

folgende **Süßungsmittel:** Frutilose (natürliche Fruchtsüße ohne Zuckerzusatz, aus dem Reformhaus), Honig, Ahornsirup, Birnen- und Apfeldicksaft;

Verschiedenes, wie z. B. Kartoffelstärke, Weinsteinbackpulver, Puddingpulver, Karobe;

Bier.

Bitte meiden

weißes Mehl und daraus hergestellte Produkte, z. B. süße und pikante Backwaren sowie Nudeln;

polierter Reis;

Zucker, Süßstoffe und damit hergestellte Produkte, z. B. Süßigkeiten und Marmeladen;

Fertiggerichte und Konserven;

getrocknete Hülsenfrüchte;

Erdnüsse;

Preiselbeeren;

Schweinefleisch sowie alle daraus hergestellten Produkte;

rohes Fleisch;

rohes Eiweiß von Eiern;

fertige Mayonnaise; säurereicher Essig;

gehärtete Fette, z. B. normale Margarinesorten und feste, weiße Frittier- und Bratfette (Plattenfette);

schwarzer Tee, Kaffee, Kakao und hochprozentige Spirituosen.

Ob Sie ganz auf die genannten Lebensmittel verzichten, liegt an Ihnen.

Die Rezepte

Die Rezepte

oben: Sandwich mit Räucherlachs
unten: Avocado-Taco mit Tomatensalsa

Sandwich mit Räucherlachs

Eiweiß
neutral
Kohlenhydr. ✓
einfach ✓
vegetarisch
schnell ✓
vitaminreich
fürs Büro ✓

Für 1 Person

- Zubereitungszeit: ca. 10 Min.
- ca. 350 kcal je Portion

2 Scheiben Vollkorntoastbrot • 50 g Doppelrahmfrischkäse
1/2 kleine Zwiebel • 1 EL Schnittlauchröllchen
50 g Räucherlachs in Scheiben

1. Die Toastbrotscheiben leicht toasten. Den Frischkäse mit wenig Wasser cremig rühren.

2. Die Zwiebelhälfte schälen und fein würfeln. Zwiebel und Schnittlauch unter den Frischkäse mischen.

3. Eine Toastbrotscheibe mit der Frischkäsemischung bestreichen und mit Lachs belegen. Die andere Toastbrotscheibe darauf setzen.

Tipp

Frisch geschnittener Räucherlachs hält sich nur etwa 3 Tage im Kühlschrank. Er kann aber gut tiefgefroren werden.

Avocado-Taco mit Tomatensalsa

Eiweiß
neutral
Kohlenhydr. ✓
einfach ✓
vegetarisch ✓
schnell
vitaminreich ✓
fürs Büro

Für 1 Person

- Zubereitungszeit: ca. 30 Min.
- ca. 360 kcal je Portion

2 Tomaten
1 kleine Zwiebel • 1/2 Knoblauchzehe • 1 Msp. Chilipulver • 1 Pr. Kreuzkümmel • etwas Meersalz
1 Tortilla (siehe S. 52)
1/2 Avocado • 1/2 grüne Paprikaschote • 1/2 rote Paprikaschote • 1 TL kaltgepresstes Olivenöl
1 TL geh. Korianderblätter

1. Den Backofen auf 100 °C (Umluft 80 °C, Gas Stufe 1) vorheizen. Für die Salsa die Tomaten über Kreuz einritzen, mit kochendem Wasser überbrühen, mit kaltem Wasser abschrecken und enthäuten. Tomaten vierteln und entkernen. Die grünen Stielansätze abschneiden und das Fruchtfleisch in kleine Würfel schneiden.

2. Die Zwiebel schälen, quer halbieren, eine Hälfte fein würfeln, die andere in Ringe schneiden. Die halbe Knoblauchzehe schälen und durchpressen. Zwiebel, Knoblauch und Gewürze mit den Tomaten verrühren. Alles mit Salz abschmecken.

3. Die Tortilla in Alufolie wickeln und im vorgeheizten Ofen erwärmen.

4. Inzwischen die Avocadohälfte schälen und in Scheiben schneiden. Die Hälften der grünen und roten Paprikaschoten putzen, waschen und in schmale Streifen schneiden. Das Öl erhitzen und die Paprikastreifen und Zwiebelringe darin bissfest dünsten.

5. Die Tortilla aus dem Ofen nehmen und mit dem Paprikagemüse, den Avocadoscheiben und der Tomatensalsa füllen. Mit gehacktem Koriander bestreuen.

Artischocken mit Knoblauchdip

Eiweiß
neutral ✓
Kohlenhydr.
einfach ✓
vegetarisch ✓
schnell
vitaminreich
fürs Büro

Für 2 Personen

- Zubereitungszeit: ca. 1 Std.
- ca. 150 kcal je Portion

2 große Artischocken • Meersalz • 1 Zitronenhälfte
2 Knoblauchzehen
75 g Joghurt • 75 g saure Sahne • 1 TL geh. Petersilie • 1 TL Schnittlauchröllchen • 1 Pr. Chilipulver • etwas Kräutersalz

1. Das obere Drittel der Artischocken abschneiden. Die Stiele mit den untersten Hüllblättern ebenfalls abschneiden. Die Schnittflächen der Artischocken mit der Zitrone einreiben und dann in reichlich Salzwasser 30–40 Minuten kochen lassen. Sie sind gar, wenn sich die Außenblätter mühelos abzupfen lassen.

2. Inzwischen für den Dip den Knoblauch ungeschält in einer Pfanne ohne Fettzugabe rösten. Anschließend die Zehen aus der papierartigen Haut herauslösen und mit einer Gabel zerdrücken.

3. Joghurt, saure Sahne, Knoblauch, Kräuter und Chilipulver zu einer Sauce verrühren. Mit Kräutersalz abschmecken.

4. Die Artischocken abtropfen lassen und am besten lauwarm mit dem Dip servieren.

Tipp

Zum Essen zupft man die Artischockenblätter einzeln ab, taucht die fleischigen Enden in den Dip und streift das Fleisch mit den Zähnen ab.

Sehr kleine Blätter und das sogenannte Heu in der Mitte der Frucht werden entfernt. Den so freigelegten Artischockenboden genießt man ebenfalls mit dem Dip.

Caesar Salad

1 Scheibe Vollkornbrot • 3 EL kaltgepresstes Olivenöl
1 Knoblauchzehe • 1 Sardellenfilet • 1 TL Obstessig • 1 TL Worcestersauce • etwas Meersalz
1/2 Kopfsalat • 1 EL körniger Frischkäse

1. Die Brotscheibe entrinden und in etwa 1 cm große Würfel schneiden. 1 EL Olivenöl in einer Pfanne erhitzen und die Brotwürfel darin unter Wenden knusprig rösten. Auskühlen lassen.

2. Den Knoblauch schälen und grob zerkleinern. Knoblauch, Sardellenfilet, Obstessig, Worcestersauce und 2 EL Öl zusammen pürieren. Das Dressing mit Salz abschmecken.

3. Die Salatblätter vom Strunk lösen, waschen, gut abtropfen lassen und in mundgerechte Stücke zerpflücken. Einen Teller damit auslegen. Das Dressing auf dem Salat verteilen und Frischkäse sowie Brotwürfel darüber streuen.

Tipp

Pürierte Sardellenfilets ergeben mit Butter gemischt eine pikante Sardellenbutter, die gut zum Kochen eingesetzt werden kann. Sie kann auch mit einer Weißweinsauce aufgeschlagen werden und ergibt dann eine köstliche Sauce, die gut zu rohem Gemüse passt.

Eiweiß
neutral
Kohlenhydr. ✓
einfach ✓
vegetarisch ✓
schnell ✓
vitaminreich
fürs Büro

Für 1 Person

- Zubereitungszeit: ca. 25 Min.
- ca. 515 kcal je Portion

Salat mit Roquefortdressing

1/2 Römischer Salat •
1 Möhre •
3 große frische Champignons

1 kleine Knoblauchzehe •
2 EL Buttermilch •
2 EL körniger Frischkäse •
1 EL Roquefort (60 % Fett i. Tr.) oder
ein anderer Edelpilzkäse •
1 TL Molkosan •
wenig Meersalz

1 EL Sonnenblumenkerne

1. Die Salatblätter vom Strunk lösen, waschen, trockenschütteln und zerpflücken. Die Möhre putzen, schälen, waschen und grob raspeln. Die Champignons mit Küchenkrepp abreiben, putzen und in Scheiben schneiden. Alles auf einem Teller anrichten.

2. Für das Dressing den Knoblauch schälen und grob hacken. Knoblauch, Buttermilch, Frischkäse, Roquefort und Molkosan pürieren. Mit wenig Salz abschmecken.

3. Das Dressing über die Salatzutaten geben und zum Schluss die Sonnenblumenkerne darüber streuen.

Tipp

Das Dressing ist auch ein wunderbarer Dip für rohes Gemüse wie Möhren, Staudensellerie, Paprika oder Brokkoli. Dafür das Gemüse putzen, evtl. schälen, waschen und in mundgerechte Stücke oder Stifte schneiden.

Eiweiß
neutral ✓
Kohlenhydr.
einfach ✓
vegetarisch ✓
schnell ✓
vitaminreich ✓
fürs Büro ✓

Für 1 Person

- Zubereitungszeit: ca. 20 Min.
- ca. 330 kcal je Portion

Spinat-Schafskäse-Salat

200 g frischer Blattspinat
3 kleine Champignons • 1/2 kleine rote Zwiebel • 50 g Schafskäse
1 EL kaltgepresstes Olivenöl • 1 TL Obstessig • 50 g Joghurt • 80 ml Mineralwasser • 1 TL Honig • etwas Meersalz
3 schwarze Oliven

1. Den Spinat verlesen, dabei harte Stiele entfernen. Die Spinatblätter gründlich waschen, gut abtropfen lassen und in Streifen schneiden. Auf einem Teller anrichten.

2. Die Champignons sorgfältig mit Küchenkrepp abreiben, die Stiele und eventuell braune Stellen abschneiden. Die Pilze mit dem Messer in feine Scheiben schneiden. Die Zwiebel schälen und in Ringe schneiden. Den Schafskäse würfeln. Alle Zutaten auf dem Spinat verteilen.

3. Für das Dressing das Öl mit Essig, Joghurt, Mineralwasser und Honig verrühren. Mit Salz abschmecken.

4. Die Sauce über den Salat geben und diesen mit den Oliven garnieren.

Eiweiß
neutral ✓
Kohlenhydr.
einfach ✓
vegetarisch ✓
schnell ✓
vitaminreich ✓
fürs Büro

Für 1 Person

- Zubereitungszeit: ca. 20 Min.
- ca. 380 kcal je Portion

oben: Apfel-Schinken-Salat
unten: Westerneier

Apfel-Schinken-Salat

Eiweiß ✓
neutral
Kohlenhydr.
einfach ✓
vegetarisch
schnell ✓
vitaminreich ✓
fürs Büro ✓

Für 1 Person

- Zubereitungszeit: ca. 25 Min.
- ca. 450 kcal je Portion

1 säuerlicher Apfel • 1 TL Zitronensaft
1/2 Stange Staudensellerie • 1/2 Fenchelknolle •
50 g gekochter Putenschinken • 50 g Cheddar
100 g Joghurt • etwas Meersalz

1. Den Apfel waschen, vierteln und das Kerngehäuse entfernen. Die Apfelviertel in kleine Würfel schneiden. Mit dem Zitronensaft beträufeln.

2. Den Sellerie putzen, waschen und in kleine Würfel schneiden. Die Fenchelknolle putzen, waschen und halbieren, das Fenchelgrün eventuell aufheben. Die Fenchelhälften klein würfeln. Schinken und Cheddar ebenfalls in kleine Würfel schneiden.

3. Die Salatzutaten in eine Schüssel geben, den Joghurt hinzufügen und alles gut durchmischen. Das Fenchelgrün hacken und nach Belieben über den Salat streuen. Zum Schluss alles mit Salz würzen.

Cheddar

Dieser ursprünglich aus England stammende Hartkäse ist besonders in der nordamerikanischen Küche weit verbreitet. Durch sein reiches, haselnussartiges Aroma eignet er sich gut zum Kochen, zum Beispiel als Würze für Möhrengemüse.

Westerneier

Eiweiß ✓
neutral
Kohlenhydr.
einfach ✓
vegetarisch
schnell ✓
vitaminreich
fürs Büro

Für 1 Person

- Zubereitungszeit: ca. 20 Min.
- ca. 380 kcal je Portion

1/2 Zwiebel • 1/2 grüne Paprikaschote •
60 g roher Rinder- oder Putenschinken
1 EL Öl
2 Eier • 1 EL Milch • etwas Meersalz •
1 Pr. Paprikapulver

1. Die Zwiebelhälfte schälen und fein hacken. Die Paprikahälfte putzen, entkernen, waschen und fein würfeln. Den Schinken ebenfalls in kleine Würfel schneiden.

2. Das Öl in einer beschichteten Pfanne erhitzen und Zwiebel, Paprika sowie Schinken darin etwa 5 Minuten anbraten.

3. Inzwischen die Eier mit Milch, Salz und Paprikapulver verquirlen. Die Eiermischung in die Pfanne gießen und alles unter Rühren stocken lassen.

Tipps

Anstelle des Schinkens können Sie auch in Streifen geschnittene Sardellenfilets nehmen.

Servieren Sie das Rührei zur Abwechslung in einer ausgehöhlten, im Ofen gebackenen Fleischtomate.

Gemüseplatte mit Spinatdip

- **Eiweiß ✓**
- neutral
- Kohlenhydr.
- **einfach ✓**
- **vegetarisch ✓**
- **schnell ✓**
- **vitaminreich ✓**
- fürs Büro

Für 1 Person

- Zubereitungszeit: ca. 30 Minuten
- ca. 455 kcal je Portion

400 g frisches Gemüse (z. B. Möhren, Staudensellerie, Champignons, Paprika, Radieschen, Brokkoliröschen)
100 g frischer Blattspinat • 1/2 Knoblauchzehe
80 g saure Sahne • 1 EL Molkosan •
1 EL geriebenen Parmesan • etwas Meersalz
1 EL Walnusskerne

1. Das Gemüse waschen, putzen, evtl. schälen. Die Pilze mit Küchenkrepp reinigen, Stiele und braune Stellen entfernen. Alles in mundgerechte Streifen oder Stücke schneiden. Auf einem Teller anrichten.

2. Für den Dip den Spinat verlesen, dabei harte Stiele entfernen. Die Spinatblätter gründlich waschen, abtropfen lassen und grob zerkleinern. Die Knoblauchzehe schälen und halbieren.

3. Spinat, saure Sahne, Molkosan, den geriebenen Parmesan und die halbe Knoblauchzehe in ein hohes Gefäß geben und alles mit dem Pürierstab fein mixen. Mit Salz pikant würzen.

4. Den Dip anschließend in ein Schälchen füllen und zu dem vorbereiteten Gemüse servieren. Die Walnusskerne dazureichen.

Variationen

Für die Gemüseplatte eignet sich auch ein Avocadodip: Eine reife, geschälte und zerdrückte Avocado mit saurer Sahne oder Joghurt verrühren, mit Salz, Cayennepfeffer und Zitronensaft würzen. Eventuell noch etwas Dill hinzugeben.

Eine ganz andere Geschmacksrichtung erhalten Sie mit der amerikanischen Dipvariante Apfel-Meerrettich-Sauce: Dafür Apfelmus (mit Honig leicht gesüßt) und geriebenen Meerrettich mischen und mit Zitronensaft sowie Cayennepfeffer abschmecken.

Chefsalat

1 Ei • 150 g Sahnedickmilch • 1 Knoblauchzehe • ½ TL Kräutersalz • 2 EL geh. Salatkräuter (z. B. Petersilie, Schnittlauch, Kerbel)

½ Salatgurke • 1 Tomate • 2 Radieschen • 50 g gekochter Puten- oder Rinderschinken • 50 g Emmentaler Käse • 75 g gekochtes Hühnerfleisch

einige Blätter Kopfsalat

1. Das Ei in etwa 9 Minuten hart kochen, abschrecken, pellen und abkühlen lassen.

2. Für das Dressing die Dickmilch in eine Schüssel geben. Den Knoblauch schälen und dazupressen. Kräutersalz sowie gehackte Kräuter hinzufügen und unterrühren.

3. Die Gurke waschen, eventuell schälen und in dünne Scheiben schneiden. Die Tomate waschen und achteln, dabei den grünen Stielansatz entfernen. Die Radieschen putzen, waschen und in Scheiben schneiden. Schinken sowie Käse in Streifen schneiden und das Hühnerfleisch würfeln. Alles gut mit dem Dressing mischen.

4. Die Salatblätter waschen, trockenschütteln und einen Teller damit auslegen. Zu große Blätter zerpflücken. Den Salat darauf anrichten. Das Ei vierteln und den Salat damit garnieren.

Eiweiß ✓
neutral
Kohlenhydr.
einfach ✓
vegetarisch
schnell ✓
vitaminreich ✓
fürs Büro ✓

Für 1 Person

- Zubereitungszeit: ca. 25 Min.
- ca. 535 kcal je Portion

Pikante Eier

1 Tomate •
50 g Cheddar

50 g gekochter Rinderschinken •
1 TL Butter

2 kleine Eier •
1 Pr. Chilipulver •
etwas Meersalz

1. Die Tomate über Kreuz einritzen, mit kochendem Wasser überbrühen, abschrecken und enthäuten. Tomate vierteln, entkernen und den Stielansatz abschneiden. Das Fruchtfleisch fein würfeln. Den Cheddar grob reiben oder klein würfeln.

2. Den Schinken in feine Streifen schneiden. Die Butter in einer beschichteten Pfanne zerlassen und den Schinken darin kurz auf beiden Seiten anbraten.

3. Die Eier in einer Schüssel verquirlen. Tomatenwürfel, Chilipulver und geriebenen Käse unter die Eier rühren. Die Eiermischung mit wenig Salz würzen, zu dem Schinken in die Pfanne gießen und alles stocken lassen.

Tipp

Ergänzen Sie das Gericht mit etwas Frischkost. Gut passen in mundgerechte Stücke zerpflückte Salatblätter, Tomatenviertel oder in Streifen geschnittene Paprikaschoten.

Eiweiß ✓
neutral
Kohlenhydr.
einfach ✓
vegetarisch
schnell ✓
vitaminreich
fürs Büro

Für 1 Person

- Zubereitungszeit: ca. 25 Min.
- ca. 280 kcal je Portion

Rührei mit grünem Spargel

250 g grüner Spargel • etwas Meersalz
2 Eier • 3 EL Sahne • 1 Pr. geriebene Muskatnuss
1 TL Butter

1. Das untere Drittel der Spargelstangen schälen und etwas kürzen. Den Spargel waschen und in etwa 3 cm lange Stücke schneiden. Die Spargelstücke in wenig Salzwasser in etwa 10 Minuten bissfest garen.

2. In der Zwischenzeit die Eier mit der Sahne verquirlen und mit Salz sowie Muskat würzen.

3. Die Butter in einer beschichteten Pfanne zerlassen. Die Eiermischung und den Spargel hinzugeben und alles unter Rühren stocken lassen.

Grüner Spargel

Grüner Spargel hat ein kräftigeres Aroma und benötigt eine etwas kürzere Garzeit als der weiße Spargel. Grüner Spargel braucht nicht bzw. kaum geschält zu werden.

Eiweiß ✓
neutral
Kohlenhydr.
einfach ✓
vegetarisch ✓
schnell ✓
vitaminreich
fürs Büro

Für 1 Person

- Zubereitungszeit: ca. 20 Min.
- ca. 380 kcal je Portion

oben: Röstknoblauch mit Ziegenkäse
unten: Gebackener Ziegenkäse

Röstknoblauch mit Ziegenkäse

- Eiweiß
- neutral
- Kohlenhydr. ✓
- einfach ✓
- vegetarisch ✓
- schnell
- vitaminreich
- fürs Büro

Für 2 Personen

- Zubereitungszeit: ca. 30 Min.
- Backzeit: 1 Std.
- ca. 285 kcal je Portion

1 1/2 Knoblauchknollen • 2 EL kaltgepresstes Olivenöl
25 g getrocknete, in Öl eingelegte Tomaten • 1 EL geh. Thymian • 100 ml veg. Gemüsebrühe (Instant)
75 g Ziegenfrischkäse (z. B. Montrachet)

1. Den Backofen auf 180 °C (Umluft 150 °C, Gas Stufe 2) vorheizen. Die Knoblauchknollen in Zehen zerteilen, aber nicht schälen. Die Zehen in eine feuerfeste Form legen und mit Olivenöl beträufeln.

2. Die Tomaten in feine Streifen schneiden. Zusammen mit dem gehackten Thymian auf den Knoblauchzehen verteilen. Die Hälfte der Brühe angießen und alles im Ofen etwa 1 Stunde garen lassen. Dabei immer wieder ein wenig von der Brühe nachgießen.

3. Nach etwa 50 Minuten den Ziegenkäse würfeln und über den Knoblauch geben. Alles für weitere 10 Minuten backen.

Tipp

Als Beilage zum Röstknoblauch passen sehr gut Vollkornbrötchen oder Vollkornbaguette.

Gebackener Ziegenkäse

- Eiweiß
- neutral
- Kohlenhydr. ✓
- einfach ✓
- vegetarisch ✓
- schnell
- vitaminreich
- fürs Büro

Für 2 Personen

- Zubereitungszeit: ca. 25 Min.
- Marinierzeit: 1 – 2 Tage
- ca. 380 kcal je Portion

100 g frischer Ziegenkäse (als Rolle) • 1 EL geh. Petersilie • 1 TL geh. Thymian • 1/2 TL geh. Rosmarin • 4 EL kaltgepresstes Olivenöl
1 kleine Knoblauchzehe • 1 EL Molkosan • Meersalz
1 Scheibe Vollkorntoastbrot
einige Blätter Blattsalat (z. B. Lollo Rosso, Feldsalat, Rauke, Eichblattsalat) • 2 EL geh. Petersilie

1. Den Ziegenkäse in 4 Scheiben schneiden. Die gehackten Kräuter mit 2 EL Olivenöl mischen. Den Käse darin einlegen und 1–2 Tage zugedeckt im Kühlschrank ziehen lassen. Dabei den Käse ab und zu wenden.

2. Für das Dressing den Knoblauch schälen. Molkosan und 2 EL Öl in eine Schüssel geben, den Knoblauch dazupressen. Alles verrühren und mit Salz abschmecken.
Den Backofen auf 200 °C (Umluft 170 °C, Gas Stufe 3) vorheizen.

3. Die Scheibe Vollkorntoast kräftig toasten, abkühlen lassen und fein zerbröseln.

4. Den Ziegenkäse aus der Olivenöl-Kräuter-Marinade nehmen, abtropfen lassen, mit den Bröseln panieren und im Backofen 10–15 Minuten backen. Er ist fertig, wenn er auf Druck leicht nachgibt.

5. Inzwischen die Salatblätter waschen, trockenschütteln und in mundgerechte Stücke zerpflücken. Den Salat mit dem Dressing mischen und auf 2 Tellern verteilen. Den gebackenen Käse auf dem Salat anrichten und mit gehackter Petersilie bestreuen.

Artischocken mit Basilikum

Eiweiß
neutral ✓
Kohlenhydr.
einfach ✓
vegetarisch
schnell
vitaminreich ✓
fürs Büro

Für 2 Personen

- Zubereitungszeit: ca. 50 Min.
- ca. 380 kcal je Portion

4 kleine Artischocken • etwas Meersalz

3 EL kaltgepresstes Olivenöl • 1 TL Molkosan • 1 Knoblauchzehe • 1/2 TL getr. italienische Kräuter • 2 EL geh. Basilikum

1 Fleischtomate • 1 Frühlingszwiebel • 100 g Mozzarella • 25 g Bündner Fleisch

1. Die Stiele, die untersten Hüllblätter und die Blattspitzen der Artischocken abschneiden. Artischocken waschen und in reichlich Salzwasser etwa 30 Minuten garen lassen. Sie sind gar, wenn sich die Außenblätter mühelos abzupfen lassen.

2. Inzwischen für das Dressing Olivenöl und Molkosan mischen. Knoblauch schälen, durchpressen und mit den Kräutern unter das Dressing rühren. Mit Salz abschmecken.

3. Die Tomate über Kreuz einritzen, mit kochendem Wasser überbrühen, abschrecken und enthäuten. Tomate vierteln, entkernen und würfeln. Dabei den Stielansatz abschneiden. Die Frühlingszwiebel putzen, waschen und in schmale Ringe schneiden. Den Mozzarella würfeln, das Bündner Fleisch in feine Streifen schneiden.

4. Die fertig gegarten Artischocken aus dem Topf nehmen, abkühlen lassen. Die Blätter abzupfen, das Heu entfernen und die Artischockenböden herauslösen. Mit dem Dressing beträufeln und kurz marinieren lassen.

5. Tomatenwürfel, Frühlingszwiebel, Mozzarella und Bündner Fleisch auf 2 Tellern anrichten. Artischockenböden darauf setzen und alles mit der Marinade beträufeln.

Tipp

Die abgezupften Artischockenblätter können Sie auch mit einem Kräuterdip (siehe S. 54) oder anderen Dipsaucen genießen.

Lollo Rosso mit Orangensauce

Eiweiß ✓
neutral
Kohlenhydr.
einfach
vegetarisch ✓
schnell ✓
vitaminreich ✓
fürs Büro

Für 1 Person

- Zubereitungszeit: ca. 30 Min.
- ca. 480 kcal je Portion

2 Orangen • 2 EL kaltgepresstes Olivenöl • 1 TL Zitronensaft • etwas Meersalz
1/2 Kopf Lollo Rosso • 1/2 rote Zwiebel
1/2 kleine Fenchelknolle • 3 schwarze Oliven • 2 TL Pinienkerne

1. Zunächst 1 Orange auspressen. Für das Dressing den Orangensaft mit Olivenöl und Zitronensaft verrühren. Mit Salz würzen.

2. Die Salatblätter vom Strunk lösen, waschen, trockenschütteln und in mundgerechte Stücke zerpflücken. Die Zwiebel schälen und in hauchdünne Ringe schneiden. Diese mit dem Dressing mischen.

3. Die zweite Orange oben und unten flach abschneiden, auf eine Schnittfläche stellen und die restliche Schale von oben nach unten herunterschneiden. Dabei die weiße Haut vollständig entfernen. Die Filets mit einem kleinen Messer zwischen den Trennwänden herausschneiden und zu den Zwiebelringen geben.

4. Den Fenchel putzen, waschen und mittelfein raspeln. Salatblätter, Fenchel und Oliven auf einem Teller anrichten. Das Dressing mit den Zwiebelringen und den Orangenfilets darüber verteilen und alles mit Pinienkernen bestreuen.

Kartoffelsuppe

1 kleine Zwiebel •
1 Knoblauchzehe •
1 EL Öl

300 g Kartoffeln • 1/2 l veg. Gemüsebrühe (Instant)

1 Stange Staudensellerie

2 EL Butter • 1 Scheibe Vollkorntoastbrot

etwas Kräutersalz • 2 EL saure Sahne •
etwas Paprikapulver •
1 EL Schnittlauchröllchen

1. Die Zwiebel und den Knoblauch schälen und beides grob hacken. Das Öl in einem Topf erhitzen und Zwiebel sowie Knoblauch darin goldgelb dünsten.

2. Inzwischen die Kartoffeln schälen, waschen, grob würfeln und in den Topf geben. Mit Gemüsebrühe auffüllen und alles zum Kochen bringen.

3. Den Sellerie putzen, waschen, klein schneiden und zur Suppe geben. Alles weitere 15 Minuten leicht köcheln lassen.

4. Inzwischen in einer Pfanne die Butter zerlassen und die Toastbrotscheibe darin von beiden Seiten knusprig braten. Abkühlen lassen und mit einer Gabel zerbröckeln.

5. Die fertig gegarte Suppe fein pürieren und mit Kräutersalz würzen. Auf 2 Teller verteilen, die Brotstückchen und jeweils einen Klecks saure Sahne dazugeben. Mit Paprikapulver und Schnittlauch bestreuen.

Tipp

Sehr gut schmecken auch Majorancroûtons. Dazu würfeln Sie das Toastbrot und rösten es in Butter, 1 EL gehackten Majoranblättchen und etwas Salz.

Eiweiß
neutral
Kohlenhydr. ✓
einfach ✓
vegetarisch ✓
schnell ✓
vitaminreich
fürs Büro

Für 2 Personen

- Zubereitungszeit: ca. 30 Min.
- ca. 350 kcal je Portion

Knoblauch-Champignon-Suppe

3 Knoblauchzehen •
200 g Champignons
2 EL kaltgepresstes Olivenöl •
2 EL Semmelbrösel
2 EL geh. Petersilie •
$^1/_2$ l veg. Gemüsebrühe (Instant) •
etwas Kräutersalz • 1 EL Sherry

1. Den Knoblauch schälen. Die Champignons mit Küchenkrepp abreiben, die Stiele und eventuell braune Stellen abschneiden. Den Knoblauch und eine Hälfte der Champignons fein würfeln. Die restlichen Pilze in dünne Scheiben schneiden.

2. In einem Topf 1 EL Öl erhitzen. Den Knoblauch und die Pilze darin unter Rühren andünsten. 1 EL Öl in einem zweiten Topf erhitzen und die Semmelbrösel darin hellbraun anrösten.

3. Semmelbrösel und gehackte Petersilie zu den Pilzen geben und kurz mitbraten. Mit der Gemüsebrühe auffüllen und alles bei mittlerer Hitze etwa 15 Minuten köcheln lassen. Mit Kräutersalz und Sherry abschmecken.

Eiweiß
neutral
Kohlenhydr. ✓
einfach ✓
vegetarisch ✓
schnell ✓
vitaminreich
fürs Büro

Für 2 Personen

- Zubereitungszeit: ca. 25 Min.
- ca. 190 kcal je Portion

Tomaten-Zwiebel-Suppe

Eiweiß ✓
neutral
Kohlenhydr.
einfach ✓
vegetarisch ✓
schnell ✓
vitaminreich ✓
fürs Büro

Für 2 Personen

- Zubereitungszeit: ca. 30 Min.
- ca. 210 kcal je Portion

300 g Tomaten
2 Zwiebeln • 2 EL Butter
1/2 l veg. Gemüsebrühe (Instant) • 4 EL Rotwein •
1 Lorbeerblatt • 1 TL Frutilose
etwas Kräutersalz

1. Die Tomaten über Kreuz einritzen, mit kochendem Wasser überbrühen, abschrecken und enthäuten. Die Tomaten vierteln, entkernen und die Stielansätze abschneiden. Das Fruchtfleisch fein würfeln.

2. Die Zwiebeln schälen und in feine Ringe schneiden. Die Butter in einem Topf zerlassen und die Zwiebeln darin unter Wenden glasig andünsten.

3. Die Zwiebeln mit der Gemüsebrühe ablöschen. Tomatenwürfel, Wein, Lorbeerblatt und Frutilose dazugeben und alles etwa 15 Minuten leicht köcheln lassen. Die Suppe mit Kräutersalz abschmecken.

Tipp

In der Trennkostlehre gehören gekochte Tomaten in die Eiweißgruppe, da durch den Kochprozess saure Bestandteile freigesetzt werden. Rohe Tomaten sind dagegen neutral.

Eiweiß ✓
neutral
Kohlenhydr.
einfach ✓
vegetarisch
schnell
vitaminreich
fürs Büro

Maissuppe mit Okraschoten

Für 2 Personen

- Zubereitungszeit: ca. 35 Min.
- ca. 210 kcal je Portion

2 mittelgroße Gemüsemaiskolben •
1/2 l Hühnerbrühe (Instant)

50 g Okraschoten • 1 Stange Staudensellerie •
1 Knoblauchzehe

50 g geräucherter Putenbrustaufschnitt •
1 TL Butter • 200 ml Milch • Meersalz •
1 EL geh. Petersilie

1. Die Maiskolben putzen, das heißt Blätter und Haare entfernen, und unter fließendem Wasser waschen. Die Maiskörner vom Kolben lösen. Die Hühnerbrühe aufkochen und die Maiskörner darin etwa 5 Minuten garen.

2. Okraschoten waschen, putzen, in feine Ringe schneiden. Staudensellerie putzen, waschen und fein würfeln. Den Knoblauch schälen und durchpressen. Alles in die Brühe geben und etwa 15 Minuten köcheln lassen.

3. Inzwischen die Putenbrust in feine Streifen schneiden. Die fertig gegarte Suppe mit Butter und Milch verfeinern, die Putenbruststreifen hinzufügen und alles nochmals kurz aufkochen lassen. Die Suppe zuletzt mit Salz abschmecken und mit gehackter Petersilie bestreuen.

Tipp

Die Maiskörner lassen sich ganz leicht vom Kolben lösen. Fahren Sie dazu mit einem Messer rechts und links von einer Maiskornreihe entlang und lösen Sie diese heraus. Die übrigen Reihen brauchen Sie nur noch mit dem Messer vom Kolben abzuheben.

American Pizza mit Pilzen

250 g Weizenvollkornmehl • 1/2 TL Meersalz • 1/2 Würfel frische Hefe • 4 EL kaltgepresstes Olivenöl

3 Knoblauchzehen • 1/2 rote Zwiebel • 300 g gemischte Pilze (Shiitake-, Stein- oder Austernpilze)

1 Pr. Chilipulver • etwas Meersalz

1/2 TL neutrales Öl für das Blech • Mehl zum Ausrollen

1 EL geh. Petersilie • 1 EL geh. Thymianblättchen • 1 EL geh. Majoran • 100 g Mozzarella

Eiweiß
neutral
Kohlenhydr. ✓
einfach
vegetarisch ✓
schnell
vitaminreich
fürs Büro

Für 2 Personen

- Zubereitungszeit: ca. 20 Min.
- Zeit zum Gehen: ca. 1 Std.
- Backzeit: ca. 25 Min.
- ca. 790 kcal je Portion

1. Das Mehl in eine Schüssel sieben und mit dem Salz vermischen. In die Mitte eine Mulde drücken. Die Hefe hineinbröckeln, 1 EL Öl und 150 ml lauwarmes Wasser dazugeben und alles mit den Knethaken des Handrührgeräts zu einem glatten Teig verkneten. Diesen Teig zugedeckt etwa 30 Minuten an einem warmen Ort gehen lassen, bis sich sein Volumen verdoppelt hat.

2. Den Teig nochmals durchkneten und weitere 30 Minuten gehen lassen. Den Backofen auf 220 °C (Umluft 180 °C, Gas Stufe 4) vorheizen.

3. Inzwischen für den Belag den Knoblauch und die Zwiebel schälen. Beides in feine Scheiben schneiden. Die Pilze mit Küchenkrepp säubern, putzen und ebenfalls in Scheiben schneiden.

4. In einer Pfanne 2 EL Öl erhitzen. Zwiebel, Knoblauch und Pilze darin unter Wenden anbraten. Mit Chilipulver und Salz würzen. Die Pilzmischung vom Herd nehmen.

5. Ein rundes Backblech (Ø 26 cm) dünn mit Öl bestreichen. Den gegangenen Teig kräftig durchkneten, auf einer bemehlten Arbeitsfläche rund ausrollen und auf das Blech legen. Mit den Händen gleichmäßig flachdrücken, dabei den Rand etwas hochziehen.

6. Den Teig mit 1 EL Olivenöl bestreichen und die Pilzmischung darauf verteilen. Mit den Kräutern bestreuen. Den Mozzarella in Scheiben schneiden und die Pizza damit belegen. Im Ofen auf mittlerer Schiene etwa 25 Minuten backen.

Tipps

Essen Sie vorab einen Tomatensalat. Dazu Tomaten waschen, in Scheiben schneiden und mit gehackten Zwiebeln, Öl, Salz und gehackter Petersilie mischen.

Den Pizzabelag können Sie auch variieren: Besonders gut eignen sich Gemüsesorten wie Brokkoli, Spinat, Paprikaschoten oder Artischockenherzen.

Pasta mit Gemüse und Lachs

Eiweiß
neutral
Kohlenhydr. ✓
einfach ✓
vegetarisch
schnell ✓
vitaminreich ✓
fürs Büro

Für 2 Personen

- Zubereitungszeit: ca. 30 Min.
- ca. 380 kcal je Portion

250 g Angel Hair Pasta (ersatzweise Spaghettini) • etwas Meersalz

1/2 rote Paprikaschote • 1/2 gelbe Paprikaschote • 2 Frühlingszwiebeln • 125 g Zuckerschoten • 1 Knoblauchzehe • 1 kleines Stück Ingwer

1 EL kaltgepresstes Olivenöl • 1 TL Butter

100 g Räucherlachs

1. Die Paprikaschoten putzen, entkernen, waschen und in feine Streifen schneiden. Die Frühlingszwiebeln putzen, waschen und in feine Ringe schneiden. Die Zuckerschoten waschen und die Enden abschneiden. Fäden an den Schotenseiten mit einem Messer abziehen.

2. Die Spaghettini in reichlich Salzwasser nach Packungsanleitung bissfest garen.

3. Inzwischen den Knoblauch und den Ingwer schälen und beides fein hacken. Das Öl und die Butter in einer großen Pfanne erhitzen und Knoblauch sowie Ingwer darin kurz anbraten. Das Gemüse hinzufügen und alles unter Rühren bissfest garen. Mit Salz abschmecken.

4. Den Räucherlachs in schmale Streifen schneiden und vor dem Servieren zum Gemüse geben. Die Spaghettini abgießen, gut abtropfen lassen und unter das Gemüse mischen.

Tipp

Als neutrale Vorspeise zu diesem Pastagericht eignet sich ein grüner Salat.

- Eiweiß
- neutral
- **Kohlenhydr. ✓**
- einfach
- **vegetarisch ✓**
- schnell
- vitaminreich
- fürs Büro

Spinatpizza mit Schafskäse

250 g Weizenvollkornmehl • 1/2 TL Meersalz • 1/2 Würfel frische Hefe • 3 EL kaltgepresstes Olivenöl
500 g frischer Blattspinat
2 Knoblauchzehen
1/2 TL neutrales Öl für das Blech • Mehl
100 g Schafskäse • 60 g Brick-Käse (60 % Fett i. Tr.) oder Butterkäse • 2 EL Pinienkerne
etwas Meersalz • etwas Cayennepfeffer

1. Das Mehl in eine Schüssel sieben, mit dem Salz vermischen. In die Mitte eine Mulde drücken. Die Hefe hineinbröckeln, 1 EL Öl und 150 ml lauwarmes Wasser dazugeben und alles mit den Knethaken des Handrührgeräts zu einem glatten Teig verkneten. Zugedeckt etwa 30 Minuten an einem warmen Ort gehen lassen, bis sich das Volumen verdoppelt hat.

2. Den Teig durchkneten und weitere 30 Minuten gehen lassen. Den Backofen auf 220 °C (Umluft 180 °C, Gas Stufe 4) vorheizen.

3. Inzwischen für den Belag den Spinat verlesen, gründlich waschen, tropfnass andünsten, ausdrücken und grob hacken.

4. Den Knoblauch schälen und in feine Scheiben schneiden. In 1 EL heißem Öl leicht anbraten. Mit dem Spinat mischen.

5. Ein rundes Backblech (Ø 26 cm) mit Öl bestreichen. Den gegangenen Teig kräftig durchkneten, rund ausrollen und auf das Blech legen. Gleichmäßig andrücken.

6. Den Teig mit 1 EL Olivenöl bestreichen. Spinat und beide Käsesorten in Würfeln auf der Pizza verteilen. Mit Pinienkernen bestreuen, mit Salz und Cayennepfeffer würzen. Etwa 25 Minuten backen.

Für 2 Personen

- Zubereitungszeit: ca. 20 Min.
- Zeit zum Gehen: ca. 1 Std.
- Backzeit: ca. 25 Min.
- ca. 810 kcal je Portion

oben: Gemüse-Spaghetti mit Feta
unten: Bandnudeln mit Steinpilzen

Gemüse-Spaghetti mit Feta

Eiweiß
neutral
Kohlenhydr. ✓
einfach ✓
vegetarisch ✓
schnell ✓
vitaminreich
fürs Büro

Für 2 Personen

- Zubereitungszeit: ca. 35 Min.
- ca. 590 kcal je Portion

200 g junge grüne Bohnen • 1/2 rote Paprikaschote
250 g Spaghetti • etwas Meersalz
50 g Pinienkerne • 1 EL kaltgepresstes Olivenöl • 1 Knoblauchzehe
125 g Feta (Schafskäse) • 2 EL geh. Kräuter (z. B. Oregano, Basilikum, Thymian) • 6 schwarze Oliven

1. Die Bohnen waschen, putzen und etwa 5 Minuten in Wasser blanchieren. Die Paprika halbieren, putzen und entkernen, waschen und in feine Streifen schneiden.

2. Die Spaghetti in reichlich Salzwasser nach Packungsanweisung bissfest garen.

3. Inzwischen die Pinienkerne in einer Pfanne ohne Fettzugabe unter Rühren bräunen. Beiseite stellen und abkühlen lassen. Das Öl in der Pfanne erhitzen, Bohnen und Paprika darin unter Wenden bissfest garen. Den Knoblauch schälen, dazupressen und mitdünsten.

4. Den Schafskäse würfeln, unter das Gemüse mischen und leicht schmelzen lassen. Kräuter und Oliven unterrühren. Alles mit Salz abschmecken.

5. Zuletzt die Spaghetti abtropfen lassen, mit dem Gemüse mischen und die Pinienkerne darüber streuen.

Bandnudeln mit Steinpilzen

Eiweiß
neutral
Kohlenhydr. ✓
einfach ✓
vegetarisch ✓
schnell
vitaminreich
fürs Büro ✓

Für 2 Personen

- Zubereitungszeit: ca. 40 Min.
- ca. 790 kcal je Portion

300 g grüner Spargel
1 EL Pinienkerne • 200 g Steinpilze • 1 Knoblauchzehe • 1 EL Butter • 125 g Sahne
250 g Vollkornbandnudeln • etwas Meersalz
2 Frühlingszwiebeln • 1 EL Basilikumblättchen • 1 EL geh. Thymianblättchen • etwas Kräutersalz

1. Das untere Drittel der Spargelstangen schälen und etwas kürzen. Den Spargel waschen und in 4 cm lange Stücke schneiden. Im kochenden Wasser etwa 5 Minuten blanchieren.

2. Die Pinienkerne in einer Pfanne ohne Fett hellbraun rösten. Abkühlen lassen. Die Pilze putzen und in Scheiben schneiden, den Knoblauch schälen und fein hacken. Die Butter in der Pfanne zerlassen und Pilze sowie Knoblauch darin kurz andünsten. Die Sahne hinzufügen und alles leicht köcheln lassen.

3. Die Bandnudeln in reichlich Salzwasser nach Packungsanweisung bissfest garen.

4. Inzwischen die Frühlingszwiebeln putzen, waschen und in etwa 1 cm lange Stücke schneiden. Das Basilikum waschen, trockenschütteln und in Streifen schneiden. Zusammen mit dem Spargel zur Sauce geben, einmal aufkochen lassen und mit Kräutersalz würzen.

5. Die Bandnudeln abgießen, abtropfen lassen und sofort mit der Sauce mischen. Zuletzt die Pinienkerne darüber streuen.

Grillgemüse

Eiweiß
neutral ✓
Kohlenhydr.
einfach ✓
vegetarisch ✓
schnell
vitaminreich ✓
fürs Büro

Für 2 Personen

- Zubereitungszeit: ca. 30 Min.
- Marinierzeit: 2 Std.
- ca. 320 kcal je Portion

1 mittlere Zucchini • 1 Crookneck squash (amerikan. Sommerkürbis) • 1 kleine Aubergine • 1 Fenchelknolle • 1 rote Zwiebel • 100 g Shiitake-Pilze

4 EL kaltgepresstes Olivenöl • 1 EL Molkosan oder Obstessig • 3 Knoblauchzehen • 3 Rosmarinzweige • 1 EL geh. Majoran • etwas Meersalz • etwas Cayennepfeffer

1. Das gesamte Gemüse waschen und putzen. Zucchini, Squash und Aubergine längs halbieren. Den Fenchel längs vierteln. Die Zwiebel schälen und in dicke Scheiben schneiden. Die Pilze putzen, dabei die Stiele abschneiden.

2. Für die Marinade das Öl mit Molkosan verrühren. Den Knoblauch schälen, durchpressen und hinzufügen. Die Rosmarinzweige waschen und trockenschütteln. Die Rosmarinzweige zusammen mit Majoran, Salz und Cayennepfeffer zur Marinade geben. Alles gut verrühren.

3. Das Gemüse mit der Marinade mischen und zugedeckt etwa 2 Stunden durchziehen lassen.

4. Das Gemüse aus der Marinade herausnehmen, abtropfen lassen und nacheinander auf den Grill legen (eventuell Alufolie unterlegen). Das Gemüse von beiden Seiten bräunen, bis es gar ist.

Tipps

Sie können das Gemüse auch im Ofen garen. Legen Sie es dazu auf ein Backblech und rösten Sie es bei 220 °C (Umluft 180 °C, Gas Stufe 4) etwa 30 Minuten.

Falls Sie keinen Crookneck bekommen, können Sie auch eine gelbe Zucchini verwenden.

Bunte Gemüsepfanne

1 rote Paprikaschote • 400 g Möhren • $^1/_2$ Kopf Pak-Choi (chinesischer Kohl; ersatzweise Chinakohl) • 200 g Zuckerschoten • 1 gelber Sommerkürbis (Squash; ersatzweise Zucchini)

2 EL Sonnenblumenöl • 100 ml veg. Gemüsebrühe (Instant)

1 EL geh. Estragon • 1 EL geh. Petersilie • etwas Kräutersalz

1. Die Paprika halbieren, putzen und entkernen, waschen und in Streifen schneiden. Die Möhren schälen, putzen, waschen und in Stifte schneiden. Den Kohl waschen und in Streifen schneiden. Die Zuckerschoten waschen und putzen, dabei Enden und Fäden entfernen. Den Sommerkürbis waschen, putzen und in dünne Scheiben schneiden.

2. Das Öl in einer großen Pfanne erhitzen. Paprika und Möhren hineingeben und unter Wenden etwa 10 Minuten dünsten. Pak-Choi, Zuckerschoten und Kürbis hinzufügen. Die Brühe dazugießen und alles weitere 5 Minuten zugedeckt garen.

3. Zuletzt die gehackten Kräuter unterrühren und das Gemüse mit Kräutersalz abschmecken.

Pak-Choi

Pak-Choi wird auch als Senfkohl oder Chinesischer Blattsenf bezeichnet. Es ist ein vitaminreiches, herbmildes Blattstielgemüse und kann als Salat oder als Gemüse zubereitet werden.

Eiweiß
- neutral ✓

Kohlenhydr.
- einfach ✓
- vegetarisch ✓
- schnell ✓
- vitaminreich ✓
- fürs Büro ✓

Für 2 Personen

- Zubereitungszeit: ca. 30 Min.
- ca. 240 kcal je Portion

Gegrillter Lammrücken

Eiweiß ✓
neutral
Kohlenhydr.
einfach
vegetarisch
schnell
vitaminreich
fürs Büro

Für 4 Personen

- Zubereitungszeit: ca. 45 Min.
- Marinierzeit: ca. 4 Std.
- ca. 510 kcal je Portion

750 g Lammrücken mit Knochen
3 Knoblauchzehen • 125 g saure Sahne • 2 EL geh. Petersilie • 1 TL getr. Oregano • 1 TL frische Rosmarinnadeln • etwas Cayennepfeffer • 1/2 TL Kräutersalz

1. Das Fleisch über den Rippenknochen durch einen etwa 2 cm tiefen Einschnitt vom Knochen lösen.

2. Für die Marinade den Knoblauch schälen, durchpressen und mit der sauren Sahne verrühren. Die Kräuter hinzufügen und die Marinade kräftig mit Cayennepfeffer sowie Kräutersalz abschmecken.

3. Das Fleisch von allen Seiten mit der Marinade einstreichen und zugedeckt mindestens 4 Stunden im Kühlschrank durchziehen lassen.

4. Den Grill vorbereiten und den Lammrücken unter öfterem Wenden etwa 30 Minuten grillen.

Tipps

Sie können den Lammrücken auch im Backofen garen. Dafür heizen Sie den Ofen auf 250 °C (Umluft 190 °C, Gas Stufe 5) vor und schalten nach 10 Minuten Bratzeit auf 200 °C (Umluft 170 °C, Gas Stufe 3) herunter.

Essen Sie dazu pro Person 200 g gedünstete grüne Bohnen.

- **Eiweiß ✓**
- neutral
- Kohlenhydr.
- **einfach ✓**
- vegetarisch
- schnell
- **vitaminreich ✓**
- **fürs Büro ✓**

Verrückte Spieße

300 g Rindersteak • 8 Cocktailtomaten • 8 kleine Champignons • 1 kleine grüne Paprikaschote • 1 kleine rote Zwiebel
2 frische Ananasscheiben (ca. 1 cm dick)
1 Knoblauchzehe • 2 EL Basilikumblättchen • 3 EL Sonnenblumenöl • 1 TL Senf • etwas Kräutersalz

1. Das Fleisch in 2–3 cm große Würfel schneiden. Die Tomaten waschen und die Champignons putzen. Die Paprika halbieren, putzen, waschen und in größere Stücke schneiden. Die Zwiebel schälen und vierteln.

2. Die Ananasscheiben schälen, den harten Innenstrunk heraus schneiden und die Ananasscheiben vierteln. Fleisch, Gemüse, Ananas und Zwiebeln abwechselnd auf 4 Spieße stecken.

3. Für die Marinade den Knoblauch schälen und durchpressen. Das Basilikum waschen, trockenschütteln und in Streifen schneiden. Knoblauch, Basilikum, Öl, Senf und Kräutersalz zu einer Marinade verrühren. Die Spieße damit bestreichen und etwa 2 Stunden zugedeckt im Kühlschrank durchziehen lassen.

4. Die Spieße aus der Marinade nehmen, abtropfen lassen und auf dem Grill etwa 10 Minuten von allen Seiten grillen (eventuell Alufolie unterlegen). Dabei die Spieße öfter drehen und immer wieder mit Marinade bestreichen.

Für 2 Personen

- Zubereitungszeit: ca. 40 Min.
- Marinierzeit: ca. 2 Std.
- ca. 460 kcal je Portion

Huhn in Kürbiskernsauce

Eiweiß ✓
neutral
Kohlenhydr.
einfach
vegetarisch
schnell ✓
vitaminreich
fürs Büro

Für 2 Personen

- Zubereitungszeit: ca. 45 Min.
- ca. 510 kcal je Portion

4 getr. Chilischoten
100 g geschälte Kürbiskerne
200 g Tomatillos (ersatzweise kleine, feste Tomaten) • 1/2 Bund Koriandergrün
3 EL Hühnerbrühe • 1/2 TL gem. Cumin
1 EL Sonnenblumenöl • 1 Pr. Chilipulver • 1 Pr. Paprikapulver • etwas Meersalz • etwas Cayennepfeffer • 2 Hühnerkeulen

1. Den Backofen auf 150 °C (Umluft 125 °C, Gas Stufe 1) vorheizen. Die Chilischoten auf einem Backblech etwa 3 Minuten rösten bis sie aufgeplatzt sind. Abkühlen lassen und Stiele sowie Kerne entfernen. Die Chilis dann in kochendem Wasser etwa 5 Minuten einweichen lassen.

2. Den Ofen auf 175 °C (Umluft 150 °C, Gas Stufe 2) einstellen. Die Kürbiskerne auf einem Backblech etwa 5 Minuten rösten und abkühlen lassen.

3. Den Backofen auf 250 °C (Umluft 190 °C, Gas Stufe 5) einstellen. Von den Tomatillos die papierartige Hülle entfernen, sie waschen und im Ofen etwa 5 Minuten garen bis sie weich geworden sind. Inzwischen den Koriander waschen, trockenschütteln und die Blätter abzupfen.

4. Tomatillos und Kürbiskerne in ein hohes Gefäß geben und mit dem Pürierstab zu einer Paste verarbeiten. Chilis, Brühe, Cumin und Koriander hinzufügen und alles zu einer Sauce mixen.

5. Das Öl mit den Gewürzen verrühren. Die Hühnerkeulen damit einstreichen. Den Grill vorbereiten und die Hühnerkeulen darauf etwa 15 Minuten grillen. Zusammen mit der Kürbiskernsauce servieren.

Tipp

Falls Sie keine Tomatillos erhalten, können Sie auch feste, kleine Tomaten verwenden. Rösten Sie diese im Grill oder Ofen bis die Haut schwarz geworden ist. Die Tomaten leicht abkühlen lassen und die Haut vorsichtig abziehen. Dann wie im Rezept beschrieben verarbeiten.

Grüner Chilieintopf

300 g Tomaten
1 Zwiebel • 1 Knoblauchzehe • 1 kleines Stück Ingwer
1 EL kaltgepresstes Olivenöl • 300 g Rindergulasch
½ TL geschroteten Chili • ½ TL gem. Koriander • 1 Msp. Zimt • ½ TL gem. Kreuzkümmel • etwas Meersalz • 300 ml veg. Gemüsebrühe (Instant) • 100 ml trockener Weißwein
200 g Blattmangold • 1 EL geh. Koriandergrün

1. Die Tomaten über Kreuz einritzen, mit kochendem Wasser überbrühen, abschrecken und enthäuten. Tomaten vierteln, entkernen und die Stielansätze abschneiden. Das Fruchtfleisch würfeln.

2. Die Zwiebel, den Knoblauch und den Ingwer schälen, alles fein hacken.

3. Das Öl in einem Topf erhitzen. Die Fleischwürfel darin von allen Seiten kräftig anbraten und wieder aus dem Topf nehmen.

4. Zwiebel, Knoblauch und Ingwer im verbliebenen Fett goldgelb braten. Tomaten, Gewürze, Salz, Gemüsebrühe und Wein in den Topf geben. Alles einmal aufkochen lassen. Das Fleisch hinzufügen und alles bei geringer Hitze zugedeckt etwa 1½ Stunden schmoren lassen.

5. In der Zwischenzeit den Mangold putzen, waschen und in Streifen schneiden. Zum Ende der Garzeit Mangold und Koriander zum Fleisch geben und alles noch 5 Minuten schmoren lassen.

Eiweiß ✓
neutral
Kohlenhydr.
einfach ✓
vegetarisch
schnell
vitaminreich
fürs Büro ✓

Für 2 Personen

- Zubereitungszeit: ca. 2 Std.
- ca. 350 kcal je Portion

Kalifornischer Fischeintopf

8 große Shrimps (mit Schale)

1 kleine Zwiebel • 2 Knoblauchzehen •
1/2 Stange Lauch • 1 Möhre •
1 Stange Staudensellerie •
1/2 Bund Koriander

1 EL kaltgepresstes Olivenöl • 100 ml Weißwein •
1/2 l Wasser • 1 Lorbeerblatt

250 g Rotbarschfilet (ersatzweise Seelachs oder Kabeljau) •
2 große Jakobsmuscheln

150 g junge grüne Bohnen •
100 g Zuckerschoten • 2 Frühlingszwiebeln •
400 g Tomaten

etwas Meersalz • etwas Cayennepfeffer

Eiweiß ✓
neutral
Kohlenhydr.
einfach
vegetarisch
schnell
vitaminreich ✓
fürs Büro

Für 2 Personen

- Zubereitungszeit: ca. 1 Std.
- ca. 340 kcal je Portion

1. Die Shrimps schälen, längs einschneiden, die Därme entfernen und bis zur weiteren Verwendung kühl stellen. Die Schalen aufbewahren.

2. Zwiebel und Knoblauch schälen. Lauch, Möhre und Sellerie putzen und waschen. Alles klein würfeln. Die Korianderblättchen waschen und abzupfen, die Hälfte beiseite legen.

3. Das Öl in einem großen Topf erhitzen. Shrimpsschalen sowie das vorbereitete Gemüse hinzufügen und alles etwa 5 Minuten gut anrösten. Wein, Wasser, Korianderblättchen und Lorbeerblatt dazugeben und alles zugedeckt etwa 30 Minuten köcheln lassen.

4. Inzwischen das Fischfilet in etwa 3 cm große Würfel schneiden. Die Muscheln gründlich unter fließend kaltem Wasser abspülen und quer durchschneiden.

5. Die Bohnen und Zuckerschoten waschen, putzen, dabei Stiele und Fäden entfernen. Die Frühlingszwiebeln putzen, waschen und in Ringe schneiden. Die Tomaten über Kreuz einritzen, überbrühen, abschrecken und enthäuten. Sie von den Stielansätzen befreien, entkernen und das Fruchtfleisch würfeln.

6. Den Shrimps-Sud durch ein grobes Sieb gießen, um Schalen, Gemüse und Kräuter zu entfernen. Die Brühe erneut zum Kochen bringen. Bohnen, Zuckerschoten, Frühlingszwiebeln und Tomaten darin bei mittlerer Hitze bissfest garen. Zuletzt Fischwürfel und Shrimps auf das Gemüse legen und bei milder Hitze zugedeckt 4–5 Minuten ziehen lassen (nicht mehr kochen).

7. Den restlichen Koriander fein hacken. Den Eintopf mit Salz und Cayennepfeffer abschmecken und mit Koriander bestreut servieren.

Red Snapper à la Vera Cruz

600 g Red Snapper-Filet (oder anderes festes Fischfleisch) • Saft von 1/2 Zitrone
1 kleine Zwiebel • 2 Knoblauchzehen • 1 Jalapeno-Chilischote • 500 g Tomaten • 100 g grüne Oliven
1 EL Sonnenblumenöl • 1/2 TL gem. Kreuzkümmel • 1/2 TL getr. Oregano • 1 EL Kapern
1 Pr. Piment • etwas Meersalz • 2 Zitronenachtel

Eiweiß ✓
neutral
Kohlenhydr.
einfach ✓
vegetarisch
schnell
vitaminreich
fürs Büro

Für 2 Personen

- Zubereitungszeit: ca. 35 Min.
- Backzeit: ca. 25 Min.
- ca. 450 kcal je Portion

1. Den Fisch kalt abspülen, trockentupfen und in eine Auflaufform legen. Mit dem Zitronensaft beträufeln. Den Backofen auf 180 °C (Umluft 150 °C, Gas Stufe 2) vorheizen.

2. Die Zwiebel und den Knoblauch schälen und beides fein hacken. Die Chilischote waschen, entkernen und fein würfeln. Die Tomaten über Kreuz einritzen, mit kochendem Wasser überbrühen, abschrecken und enthäuten. Sie von den Stielansätzen befreien, entkernen und das Fruchtfleisch würfeln. Die Oliven in Scheiben schneiden.

3. Das Öl in einer Pfanne erhitzen. Zwiebeln und Knoblauch darin goldgelb dünsten. Chili, Kreuzkümmel und Oregano hinzufügen und kurz mitrösten. Dann zusammen mit den Tomaten, Oliven und Kapern etwa 15 Minuten köcheln lassen.

4. Die Tomatensauce mit Piment und Salz abschmecken und auf dem vorbereiteten Fisch verteilen. Im Ofen 20–25 Minuten garen. Mit Zitronenachteln servieren.

Schwertfisch mit Papaya-Salsa

1 Papaya • 3 EL Zitronensaft • 2 EL Kokosraspel • 1 Msp. Chilipulver
2 Knoblauchzehen • 2 EL kaltgepresstes Olivenöl • 1 EL geh. Petersilie • etwas Meersalz • etwas Cayennepfeffer
2 Schwertfisch-Steaks (ca. 3 cm dick)

1. Für die Salsa die Papaya schälen und längs halbieren. Die schwarzen Kerne mit einem Löffel herausschaben. Das Fruchtfleisch klein würfeln und in einer Schüssel mit Zitronensaft, Kokosraspel und Chilipulver mischen.

2. Für die Marinade den Knoblauch schälen und durchpressen. Mit Öl, Petersilie, Salz und Cayennepfeffer verrühren. Die Schwertfisch-Steaks mit der Marinade bestreichen und etwa 2 Stunden zugedeckt im Kühlschrank durchziehen lassen.

3. Den Grill vorbereiten. Die Schwertfisch-Steaks aus der Marinade nehmen, abtropfen lassen und von jeder Seite etwa 5 Minuten goldbraun grillen. Zusammen mit der Salsa servieren.

Eiweiß ✓
neutral
Kohlenhydr.
einfach ✓
vegetarisch
schnell
vitaminreich
fürs Büro

Für 2 Personen

- Zubereitungszeit: ca. 40 Min.
- Marinierzeit: ca. 2 Std.
- ca. 420 kcal je Portion

oben: Reis-Pilaw mit Sojasprossen
unten: Geröstete Rosmarinkartoffeln

Reis-Pilaw mit Sojasprossen

Eiweiß
neutral
Kohlenhydr. ✓
einfach ✓
vegetarisch ✓
schnell
vitaminreich ✓
fürs Büro

Für 2 Personen

- Zubereitungszeit: ca. 50 Min.
- ca. 320 kcal je Portion

2 Frühlingszwiebeln • 1 Knoblauchzehe •
1 kleines Stück Ingwer
1 EL Sonnenblumenöl • 125 g Naturreis
1 EL Honig • 1 Msp. Meersalz
100 g frische Sojasprossen

1. Die Frühlingszwiebeln putzen, waschen und in feine Ringe schneiden. Den Knoblauch schälen und durchpressen. Den Ingwer dünn schälen und fein hacken.

2. Das Öl in einem Topf erhitzen. Frühlingszwiebeln, Knoblauch und Ingwer darin anbraten. Den Reis dazugeben und unter Rühren glasig dünsten.

3. Mit 350 ml Wasser ablöschen. Honig sowie Salz hinzufügen und alles aufkochen lassen. Den Reis zugedeckt bei kleiner Hitze 40 Minuten garen lassen.

4. In der Zwischenzeit die Sojasprossen waschen und nach etwa 25 Minuten Garzeit zum Reis geben. Das Pilaw noch etwa 15 Minuten weiter garen, bis alle Flüssigkeit aufgesogen ist.

Tipp

Im Unterschied zum Risotto soll das Pilaw zum Ende der Garzeit körnig und nicht cremig sein.

Geröstete Rosmarinkartoffeln

Eiweiß
neutral
Kohlenhydr. ✓
einfach ✓
vegetarisch ✓
schnell
vitaminreich
fürs Büro

Für 2 Personen

- Zubereitungszeit: ca. 45 Min.
- ca. 230 kcal je Portion

400 g kleine rote Kartoffeln •
2 Knoblauchzehen • 2 Frühlingszwiebeln •
2 TL frische Rosmarinnadeln
2 EL kaltgepresstes Olivenöl
etwas Kräutersalz

1. Die Kartoffeln unter fließendem Wasser gründlich waschen, trockenreiben und vierteln. Den Knoblauch schälen und fein hacken. Die Frühlingszwiebeln putzen, waschen und in feine Ringe schneiden. Die Rosmarinnadeln waschen, trockentupfen und hacken.

2. Den Backofen auf 220 °C (Umluft 180 °C, Gas Stufe 4) vorheizen. Das Öl in einer Pfanne erhitzen. Kartoffeln, Knoblauch und Frühlingszwiebeln hineingeben und unter Wenden kurz anrösten. Rosmarin untermischen.

3. Die Kartoffelmischung auf einem Backblech ausbreiten und auf der untersten Schiene etwa 25 Minuten weiterrösten. Mit Kräutersalz bestreut servieren.

Amerikanisches Sommersquash

Eiweiß ✓
neutral
Kohlenhydr.
einfach ✓
vegetarisch ✓
schnell ✓
vitaminreich ✓
fürs Büro ✓

Für 2 Personen

- Zubereitungszeit: ca. 35 Min.
- ca. 270 kcal je Portion

300 g Tomaten

200 g frisches Sommersquash-Gemüse (gelbe und grüne Zucchini, Crookneck) • 125 g junge grüne Bohnen • 1 kleine Zwiebel • 2 Knoblauchzehen

1 EL Sonnenblumenöl • 50 ml Tomatensaft

1 Pr. Chilipulver • 1 Msp. gem. Kreuzkümmel • 1 Msp. gem. Koriander • etwas Kräutersalz • etwas Cayennepfeffer • 100 g Jack Cheese (ersatzweise Münster) • 2 EL geh. Petersilie

1. Die Tomaten über Kreuz einritzen, mit kochendem Wasser überbrühen, abschrecken und enthäuten. Sie vierteln, von den Stielansätzen befreien, entkernen und das Fruchtfleisch würfeln.

2. Das Squashgemüse waschen, putzen und in Würfel schneiden. Die Bohnen putzen, waschen und halbieren. Die Zwiebel sowie den Knoblauch schälen und beides fein hacken.

3. Das Öl in einer großen Pfanne erhitzen. Zwiebel und Knoblauch darin andünsten. Das übrige Gemüse und den Tomatensaft hinzufügen und alles zugedeckt in etwa 10 Minuten bissfest garen.

4. Das Gemüse mit den Gewürzen abschmecken. Den Käse würfeln, unter das Gemüse heben und leicht schmelzen lassen. Das Gericht mit gehackter Petersilie bestreut servieren.

Kürbisse

Squash ist das englische Wort für Kürbis. Kürbisse sind die Früchte einer Gemüsepflanze, die der Melone und der Gurke ähnlich ist. Sommersquash ist nicht lagerfähig und wird sehr jung geerntet. Das Fruchtfleisch von Wintersquash ist etwas trockener und deutlich süßer im Geschmack.

Während Sommerkürbisse im Ganzen verwendet werden, isst man von den Winterkürbissen nur das Fruchtfleisch. Oft werden daraus Suppen zubereitet. (Siehe auch S. 7)

Spinat mit Pinienkernen

1 EL Pinienkerne
500 g frischer Blattspinat • 1 Knoblauchzehe
1 TL Butter • 1 TL kaltgepresstes Olivenöl • 2 EL ungeschwefelte Rosinen • etwas Meersalz • 1 Pr. gem. Muskatnuss

1. Die Pinienkerne in einer Pfanne ohne Fettzugabe unter Rühren hellbraun rösten. Beiseite stellen und abkühlen lassen.

2. Den Spinat verlesen, dabei harte Stiele entfernen und gründlich waschen. Die Spinatblätter in Streifen schneiden.

3. Den Knoblauch schälen und fein hacken oder durchpressen.

4. Die Butter und das Öl in einem Topf erhitzen. Den Knoblauch darin unter Rühren goldgelb anbraten. Spinat und Rosinen hinzufügen und alles etwa 8 Minuten dünsten. Zuletzt die Pinienkerne unterrühren und den Spinat mit Salz und Muskat abschmecken.

Eiweiß
neutral ✓
Kohlenhydr.
einfach ✓
vegetarisch ✓
schnell ✓
vitaminreich ✓
fürs Büro

Für 2 Personen

- Zubereitungszeit: ca. 20 Min.
- ca. 160 kcal je Portion

Tortillas „San Francisco"

Eiweiß

neutral

Kohlenhydr. ✓

einfach ✓

vegetarisch ✓

schnell

vitaminreich

fürs Büro

Für 8 Tortillas

- Zubereitungszeit: ca. 30 Min.
- Quellzeit: ca. 20 Min.
- ca. 180 kcal je Stück

275 g feines Dinkelvollkornmehl • 1–2 TL Meersalz • 4 EL Sonnenblumenöl • 150–200 ml Wasser

1. Das Mehl in einer Schüssel mit dem Salz mischen. Das Wasser zugeben und zuerst alles mit dem Knethaken des Handrührgeräts, dann mit den Händen zu einem glatten Teig verkneten.

2. Den Teig zugedeckt 20 Minuten quellen lassen. Nochmals kneten und in 8 Portionen teilen.

3. Die einzelnen Teigstücke auf einer bemehlten Arbeitsplatte zu dünnen Fladen von etwa 26 cm Durchmesser ausrollen.

4. Den Backofen auf 100 °C (Umluft 80 °C, Gas Stufe 1) vorheizen. Die Fladen in eine Pfanne (ohne Fett) oder auf ein Grillblech legen und bei mittlerer Hitze auf jeder Seite etwa 1 Minute backen.

5. Die fertigen Tortillas in Alufolie wickeln und im Backofen bis zur weiteren Verwendung warm halten.

Tipps

Die gebackenen Tortillas halten sich im Kühlschrank in Gefrierbeutel verpackt etwa eine Woche. Sie können nicht verwendete Tortillas aber auch einfrieren. Legen Sie dazu ein Stück Pergamentpapier zwischen die Fladen.

Füllen Sie die Tortillas zum Beispiel mit dem Avocado-Paprika-Tomaten-Mix (siehe S. 12). Dazu die Füllung auf den erwärmten Teigfladen verteilen. Die Tortillas aufrollen und sofort servieren.

- Eiweiß ✓
- neutral
- Kohlenhydr.
- einfach ✓
- vegetarisch ✓
- schnell ✓
- vitaminreich ✓
- fürs Büro

Apfel-Birnen-Salsa

1/2 kleine Zwiebel • 1 kleine Knoblauchzehe • 1/2 Jalapeno-Chilischote

1/2 säuerlicher Apfel • 1/2 Birne • 1 kleine Tomate

1 EL Sonnenblumenöl • 1 EL ungeschwefelte Rosinen • 1 Msp. Kreuzkümmel

1 EL Zitronensaft • etwas Meersalz • etwas Cayennepfeffer • 1 EL geh. Korianderblättchen

1. Die Zwiebel und den Knoblauch schälen und beides fein würfeln. Die Chilischote waschen, entkernen und fein hacken.

2. Den Apfel und die Birne schälen, vierteln, entkernen und in kleine Würfel schneiden. Die Tomate über Kreuz einritzen, mit kochendem Wasser überbrühen, abschrecken und enthäuten. Sie vierteln, vom Stielansatz befreien, entkernen und das Fruchtfleisch klein würfeln.

3. Das Öl in einer Pfanne erhitzen. Zwiebel, Knoblauch und Chili darin andünsten. Apfel und Birne hinzufügen und etwa 2 Minuten mitdünsten. Rosinen, Tomate und Kreuzkümmel dazugeben und alles weitere 5 Minuten garen.

4. Die Salsa mit Zitronensaft, Salz und Pfeffer abschmecken und gehackten Koriander darüber streuen. Noch warm servieren.

Für 2 Personen

- Zubereitungszeit: ca. 30 Min.
- ca. 130 kcal je Portion

oben: Rancho-Barbecue-Sauce
unten: Kräuterdip mit Walnüssen

Rancho-Barbecue-Sauce

Eiweiß ✓
neutral
Kohlenhydr.
einfach ✓
vegetarisch ✓
schnell
vitaminreich ✓
fürs Büro

Für 1 Glas

- Zubereitungszeit: ca. 1½ Std.
- ca. 95 kcal je Portion

½ Zwiebel • 2 Knoblauchzehen • 1 Jalapeno-Chilischote • 1 Stange Staudensellerie • 1 kleine Möhre • 1 grüne Paprikaschote • 1 EL kaltgepresstes Olivenöl

300 g Tomaten

1 TL Balsamico-Essig • 50 ml Frutilose • etwas Meersalz • etwas Cayennepfeffer

1. Die Zwiebel und den Knoblauch schälen und beides sehr fein würfeln. Den Chili waschen, entkernen und fein hacken. Den Staudensellerie putzen, die Möhre schälen, die Paprika halbieren und entkernen. Alles waschen, klein würfeln und zusammen mit den übrigen Zutaten in heißem Öl etwa 10 Minuten dünsten.

2. Inzwischen die Tomaten über Kreuz einritzen, mit kochendem Wasser überbrühen, abschrecken und enthäuten. Sie vierteln, von den Stielansätzen befreien, entkernen und das Fruchtfleisch mit dem Pürierstab mixen.

3. Die Gemüsemischung mit Tomatenpüree und Essig ablöschen, Frutilose hinzufügen und alles einmal aufkochen lassen. Bei sehr kleiner Hitze etwa 1 Stunde ziehen lassen. Mit Salz und Cayennepfeffer abschmecken. Kalt servieren.

Tipps

Die Sauce wird als aromatische Beilage zu gegrilltem Rindfleisch, Fisch oder Huhn gereicht.

Bereiten Sie eine größere Menge zu und füllen Sie die Sauce in ein verschließbares Glas. Gekühlt hält sie sich etwa 1 Woche.

Kräuterdip mit Walnüssen

Eiweiß ✓
neutral
Kohlenhydr.
einfach ✓
vegetarisch ✓
schnell ✓
vitaminreich
fürs Büro

Für 2 Personen

- Zubereitungszeit: ca. 15 Min.
- ca. 170 kcal je Portion

½ Bund Petersilie • ½ Bund Basilikum • ½ Knoblauchzehe

2 EL saure Sahne • 2 EL Joghurt • 50 g Frischkäse • etwas Kräutersalz

1 EL Walnusskerne

1. Die Kräuter waschen, trockenschütteln und grob hacken. Den Knoblauch schälen und grob zerkleinern.

2. Kräuter, Knoblauch, saure Sahne, Joghurt und den Frischkäse mit dem Pürierstab fein mixen. Den Dip mit Kräutersalz abschmecken.

3. Die Walnusskerne fein hacken und unter den Dip rühren. Den Dip am besten gekühlt servieren.

Tipp

Der Dip passt besonders gut zu frischen und in Scheiben geschnittenen Champignons. Auch zu anderen Gemüsesorten schmeckt er köstlich. Dazu das geputzte und gewaschene Gemüse zum Dippen in mundgerechte Stücke, Streifen oder Stifte schneiden. Genauere Hinweise finden Sie in dem Rezept auf S.20.

oben: Haferflocken-Rosinen-Häufchen
unten: Herbsternte

Haferflocken-Rosinen-Häufchen

Eiweiß
neutral
Kohlenhydr. ✓
einfach ✓
vegetarisch ✓
schnell
vitaminreich
fürs Büro ✓

Für ca. 45 Stück

- Zubereitungszeit: ca. 20 Min.
- Backzeit: ca. 15 Min.
- ca. 60 kcal je Stück

125 g ungeschwefelte getrocknete Aprikosen • 125 g ungeschwefelte Trockenpflaumen

200 g Weizenvollkornmehl • 1/2 TL Meersalz • 1/2 TL Natriumkarbonat • 1 TL gem. Vanille • 1/2 TL Zimtpulver • 1/2 TL gem. Muskat

2 EL weiche Butter • 2 EL Sonnenblumenöl • 60 g flüssiger Honig • 2 Eigelb • 120 g Haferflocken • 75 g ungeschwefelte Rosinen

1. Die Trockenfrüchte sehr klein würfeln. Den Backofen auf 175 °C (Umluft 150 °C, Gas Stufe 2) vorheizen.

2. Mehl, Salz, Natriumkarbonat, Vanille, Zimt und Muskat in einer Schüssel mischen.

3. In einer zweiten Schüssel Butter, Öl, Honig und die Eigelbe mit dem Mixer cremig rühren. Die Trockenfrüchte unterheben. Nach und nach die Mehlmischung, die Haferflocken und die ungeschwefelten Rosinen unterrühren.

4. Ein Backblech einfetten oder mit Backpapier auslegen. Den Teig mit einem Teelöffel in kleinen Haufen darauf setzen. Die Haferflocken-Rosinen-Häufchen auf der mittleren Schiene in etwa 15 Minuten goldbraun backen.

Herbsternte

Eiweiß ✓
neutral
Kohlenhydr.
einfach
vegetarisch ✓
schnell ✓
vitaminreich ✓
fürs Büro

Für 2 Personen

- Zubereitungszeit: ca. 30 Min.
- ca. 300 kcal je Portion

1 Birne • 1 säuerlicher Apfel • 2 EL Zitronensaft • 125 g blaue Weintrauben • 125 g grüne Weintrauben • 2 Pflaumen

1 Orange

1 TL Honig

2 EL Sonnenblumenkerne

1. Die Birne und den Apfel waschen, entkernen und in dünne Spalten schneiden. Mit 1 EL Zitronensaft beträufeln. Die Weintrauben waschen, halbieren und eventuell entkernen. Die Pflaumen waschen, entsteinen und in Spalten schneiden.

2. Die Orange oben und unten flach abschneiden, auf eine Schnittfläche stellen und die restliche Schale von oben nach unten herunterschneiden. Dabei die weiße Haut entfernen. Die Filets zwischen den Trennwänden herausschneiden. Dabei den Saft auffangen.

3. Das Obst in einer Schüssel mischen. Den aufgefangenen Orangensaft mit Zitronensaft und Honig verrühren, zum Obst geben und alles gut mischen.

4. Die Sonnenblumenkerne in einer Pfanne ohne Fettzugabe unter Rühren hellbraun rösten. Noch heiß über den Salat streuen.

Orangen-Sahne-Eis

Eiweiß ✓
neutral
Kohlenhydr.
einfach ✓
vegetarisch ✓
schnell
vitaminreich ✓
fürs Büro

Für 2 Personen

- Zubereitungszeit: ca. 20 Min.
- Zeit zum Gefrieren: ca. 2 Std.
- ca. 400 kcal je Portion

Saft von 3 Blutorangen • 1 EL Frischkäse •
6 EL Frutilose • 150 g Sahnejoghurt
75 g Sahne
6 Minzeblättchen

1. Die Orangen auspressen. Den Saft mit dem Frischkäse und der Frutilose cremig rühren. Den Joghurt unterziehen.

2. Die Sahne steif schlagen und unter die Orangenmischung heben. Die Creme in eine flache Metallschüssel geben und etwa 2 Stunden im Tiefkühlgerät gefrieren lassen. Dabei die Masse etwa alle 20 Minuten umrühren.

3. Die Minzeblättchen waschen und trockenschütteln. Das Eis auf 2 Tellern anrichten und mit der Minze garnieren.

Tipps

Statt des Orangensaftes können Sie zum Beispiel auch das pürierte Fleisch von zwei reifen Mangos mit dem Frischkäse und der Frutilose cremig rühren.

Wenn Sie regelmäßig Eis selber herstellen, lohnt sich die Anschaffung einer Eismaschine. Sie ersparen sich das zwischenzeitliche Rühren, und das Eis wird in der Maschine noch cremiger.

Eiweiß ✓
neutral
Kohlenhydr.
einfach ✓
vegetarisch ✓
schnell
vitaminreich ✓
fürs Büro

Aprikosen-Erdbeer-Gefrorenes

250 g Aprikosen • 250 g Erdbeeren
100 g Joghurt

1. Die Aprikosen waschen, entsteinen und vierteln. Die Erdbeeren putzen, waschen und halbieren, einige Hälften beiseite legen.

2. Ein Blech mit Frischhaltefolie auslegen. Das Obst darauf ausbreiten und gut mit Frischhaltefolie abdecken. Im Tiefkühlgerät etwa 1 Tag gefrieren lassen.

3. Das gefrorene Obst zusammen mit dem Joghurt in ein hohes Gefäß geben und mit dem Pürierstab fein mixen.

4. Sofort servieren. Dazu das Aprikosen-Erdbeer-Gefrorene entweder mit einem heißen Esslöffel zu Nocken abstechen oder in einen Spritzbeutel füllen und in 2 Dessertschälchen spritzen. Mit den Erdbeerhälften garnieren.

Tipp

Wenn es mal ganz schnell gehen soll: Pürieren Sie gekaufte, noch gefrorene Tiefkühlbeeren mit etwas Zitronensaft und Honig. Das Sorbet sofort servieren.

Für 2 Personen

- Zubereitungszeit: ca. 20 Min.
- Zeit zum Gefrieren: ca. 1 Tag
- ca. 120 kcal je Portion

oben: Melonen-Blaubeer-Dessert
unten: Frisches Obst mit Weinschaum

Melonen-Blaubeer-Dessert

Eiweiß ✓
neutral
Kohlenhydr.
einfach ✓
vegetarisch ✓
schnell ✓
vitaminreich ✓
fürs Büro

Für 2 Personen

- Zubereitungszeit: ca. 20 Min.
- ca. 150 kcal je Portion

1 Kantalupe-Melone
125 g Blaubeeren
250 g Joghurt • 2 EL Frutilose • 1/2 TL gem. Vanille • 4 frische Minzeblätter

1. Die Melone quer halbieren und vorsichtig mit einem Löffel aushöhlen. Die Kerne und Fäden entfernen, das Fruchtfleisch fein würfeln. Die Melonenhälften am unteren Ende flach abschneiden und auf 2 Dessertteller stellen.

2. Die Blaubeeren waschen, gut abtropfen lassen und mit den Melonenwürfeln mischen. Die Obstmischung in die Melonenhälften füllen.

3. Den Joghurt mit der Frutilose und der Vanille verrühren und auf dem Obst verteilen. Die Minzeblättchen waschen, trockenschütteln und die gefüllten Melonenhälften damit garnieren.

Kantalupe-Melone

Die Kantalupe- oder Warzenmelone ist eine aromatische, süße, aber auch sehr empfindliche Dessertfrucht. Sie sollte nicht länger als 6 Tage gelagert und vor Stoß oder Druck geschützt werden. Zu den am meisten angebauten Kantalupe-Melonen gehört die Charentais-Melone.

Frisches Obst mit Weinschaum

Eiweiß ✓
neutral
Kohlenhydr.
einfach
vegetarisch ✓
schnell
vitaminreich ✓
fürs Büro

Für 2 Personen

- Zubereitungszeit: ca. 40 Min.
- ca. 360 kcal je Portion

1 Pfirsich • 1 Mango
200 g Erdbeeren • 1 Kiwi
2 Eigelb • 75 ml Chardonnay (oder ein anderer trockener Weißwein) • 2 EL Frutilose • 1 Pr. Meersalz
75 g Sahne

1. Den Pfirsich waschen, halbieren, entkernen und in Spalten schneiden. Die Mango schälen und halbieren. Dazu mit einem Messer nahe am Stein senkrecht entlang schneiden und diesen Schnitt auf der anderen Seite wiederholen. Die Fruchthälften dann in schmale Spalten schneiden.

2. Die Erdbeeren putzen, waschen und halbieren. Die Kiwi schälen und in dünne Scheiben schneiden. Das gesamte Obst auf 2 Tellern anrichten.

3. Für den Weinschaum Eigelbe, Wein, Frutilose und Salz in eine Schüssel geben und verquirlen. In einem Topf etwas Wasser zum Kochen bringen, herunterschalten und die Schüssel hineinhängen. Die Mischung über dem Wasserbad so lange schlagen, bis sie cremig wird. Vom Wasserbad nehmen und weiterschlagen, bis die Creme abgekühlt ist.

4. Die Sahne halbsteif schlagen und unter den Weinschaum ziehen. Über das Obst gießen und sofort servieren.

Alphabetisches Rezeptverzeichnis

Rezeptverzeichnis nach Rubriken

Snacks und kleine Gerichte

Vorspeisen und Suppen

Hauptgerichte

Beilagen und Saucen

Desserts

Impressum

Im FALKEN Verlag sind zahlreiche Titel zum Thema „Trennkost“ erschienen.
Sie sind überall erhältlich, wo es Bücher gibt.

Sie finden uns im Internet: **www.falken.de**

Allen Leserinnen und Lesern, die mehr über die Trennkost erfahren wollen, gibt die Autorin dieses Buches gerne Auskunft. Die Adresse lautet:

Ursula Summ
Postfach Buzon Nr.: 356
Calle Patricio Ferrandiz 40
03700 Denia/Alicante
Fax: 0034/96/5784715
E-Mail: trennkost.summ@teleline.es

Weitere Informationen zu Trennkost finden Sie auch unter: www.trennkost.de

Dieses Buch wurde auf chlorfrei gebleichtem und säurefreiem Papier gedruckt.

Der Text dieses Buches entspricht den Regeln der neuen deutschen Rechtschreibung.

ISBN 3 8068 2594 7

Umschlaggestaltung: Martina Eisele, München
Gestaltung: red.sign, Stuttgart
Redaktion: Birgit Hinsch
Herstellung: Petra Zimmer
Titelbild: Klaus Arras, Köln
Weitere Fotos auf dem Umschlag: Umschlag hinten: Dr. Gerhard Kebbel, Frankfurt. Das Bild auf der Umschlaginnenseite vorne unten wurde dem FALKEN Verlag freundlicher Weise von dem Fotografen zu Verfügung gestellt; oben: Dr. Gerhard Kebbel, Frankfurt. FALKEN Archiv: Umschlagklappe hinten, innen, li. o., li. M., li. u. (TLC); Umschlagklappe hinten, innen, re. o., re. M., re. u. (W. Feiler); Umschlagklappe hinten, außen: li., re. (TLC)
Rezeptfotos: TLC Foto-Studio GmbH, Velen-Ramsdorf
Weitere Fotos im Innenteil: S. 8/9: TLC Foto-Studio GmbH; FALKEN Archiv: S.1 unten (W. Feiler), S. 1 oben, 8 oben (R. Schmitz), S. 4, 5, 7, 8 unten, 9 (TLC)

Satz: FALKEN Verlag, 65527 Niedernhausen/Ts.
Druck: Druckhaus Cramer, Greven

817 2635 4453 6271